英汉互译应用教程

主　编　陈海英
副主编　王　淼　孙一博

电子工业出版社
Publishing House of Electronics Industry
北京·BEIJING

内 容 简 介

本书以《翻译本科专业教学质量国家标准》和《普通高等学校本科外国语言文学类专业教学指南》作为编写的基本依据，在对学情进行充分分析的基础上，分模块介绍英汉互译的方法、策略和技巧，并结合精选的真实案例，使学生掌握基本的翻译原理，进一步分辨中英语言之差异，在实践中体悟翻译原理，印证翻译理论，灵活应用各种翻译技巧处理不同文本的初级翻译工作，充分体现应用型翻译人才培养的理念。

本书为应用型本科翻译专业教科书，也是英语专业翻译课程教科书，同时也可作为业余翻译爱好者的入门教材。

未经许可，不得以任何方式复制或抄袭本书之部分或全部内容。
版权所有，侵权必究。

图书在版编目（CIP）数据

英汉互译应用教程 / 陈海英主编. —北京：电子工业出版社，2022.6
ISBN 978-7-121-43766-3

Ⅰ.①英… Ⅱ.①陈… Ⅲ.①英语－翻译－高等学校－教材 Ⅳ.①H315.9

中国版本图书馆 CIP 数据核字(2022)第 101330 号

责任编辑：祁玉芹
印　　刷：中国电影出版社印刷厂
装　　订：中国电影出版社印刷厂
出版发行：电子工业出版社
　　　　　北京市海淀区万寿路 173 信箱　邮编：100036
开　　本：787×1092　1/16　印张：11　字数：267 千字
版　　次：2022 年 6 月第 1 版
印　　次：2022 年 6 月第 1 次印刷
定　　价：35.00 元

凡所购买电子工业出版社图书有缺损问题，请向购买书店调换。若书店售缺，请与本社发行部联系，联系及邮购电话：（010）88254888，88258888。
质量投诉请发邮件至 zlts@phei.com.cn，盗版侵权举报请发邮件至 dbqq@phei.com.cn。
本书咨询联系方式：qiyuqin@phei.com.cn。

前　言

本书为应用型本科翻译专业教科书，也是英语专业翻译课程教科书，同时也适合作为业余翻译爱好者的入门教材。本书是黄淮学院2019年度"十三五"校级规划教材（院字〔2019〕55号），也是2021年度河南省第二批省级一流本科课程（教高办〔2020〕306号）的阶段建设成果。

国内大批高校开设了本科翻译专业。根据编者调查，目前大部分高校的翻译专业或英语专业的翻译课程采用的教材大多来自外语教学与研究出版社、高等教育出版社、上海外语教育出版社等出版社，也有部分高校采用自编讲义的做法，不指定教材。不同层次的高校有不同的生源背景和培养目标，适用于一类本科高校的教材并不适用于一些应用型本科高校，趋同性较强的教材也需要及时做出调整。作为普通二类本科高校，其翻译专业的主要培养目标是培养应用型翻译人才。翻译理论、翻译与各学科之间的结合以及文学翻译并不是学习的重点。本书的编者从翻译的实际操作和运用着手，结合多年的翻译教学经历，采众家之长，历经多年沉淀积累，与黄淮学院的校企合作单位传神语联网网络科技股份有限公司和河南译线通翻译有限公司合作编写了此教材。

本书以《翻译本科专业教学质量国家标准》和《普通高等学校本科外国语言文学类专业教学指南》作为编写的基本依据，结合翻译行业标准和学校的办学定位，体现应用型翻译人才培养的理念，促进学生终身教育。

本书的编撰以学生为中心，强调教材与使用主体之间的互动。通过加强翻译教材与学习者个人经验之间的联系，试图建立一种良好的知识生态关系；其目标不仅包括学习者翻译能力的提升，还包括译者跨文化交际能力、职业能力的提升。

本书注重英译汉与汉译英之间不断提示"互通性"，使学生的翻译思维更趋活跃、灵敏，进而让他们在平时的英汉笔译实践中，积累相关译例，并在可能的情况下将这类比较地道的对应表达转而用到合适的汉译英场合。本书的汉译英部分，以构建中国文化对外话语体系为框架，依托本土，着重介绍中原文化的对外话语体系建设等，培养学生用英语讲好本土故事的能力。

生活处处是翻译。本书的例句，注重与时代和生活的紧密结合，大多来自师生自建的翻译语料库，不涉及复杂的文学翻译例句。还有部分译例和练习来自外国语学院师生与校企合作单位共同参与的一些翻译项目。这些语料均不涉及保密及知识产权问题。

我们始终突出理论与实践相结合的原则。本书先用很短的篇幅简单介绍翻译的基本原理，再由浅入深逐一介绍英汉笔译和汉英笔译的具体技巧和手段，结合学生翻译实践的问题进行讲解或组织学生讨论，鼓励学生提出自己的看法和不同的观点，为自己的译文进行辩护，培养学生的思辨能力。本书所介绍的各种方法和技巧，一方面是总结目前国内已有的翻译教材及翻译学术著作中的观点和技术手段，另一方面是任课教师多年的翻译教学和实践经验。

  本书的主编是陈海英，副主编是王淼、孙一博。陈海英规划全书并对全部书稿做最后修改、把关、定稿，编写了第一章的1.1～1.4节和第二、三、四、五章。王淼、孙一博负责书稿的修改和参考书目的整理，王淼编写了第六、十六、十七、十八章和附录1、附录2，孙一博编写了第十一、十二、十三章和附录3、附录4。杨慧娟编写了第七、八章。唐义静编写了第九章和第十章的10.1节。传神语联网网络科技股份有限公司的殷白恩、彭利峰共同编写了第十四、十五章。河南译线通翻译有限公司的翟小娟编写了第一章的1.5节，第十章的10.2节。

  由于编者水平有限，书中难免存在疏漏和不足之处，希望广大师生和读者提出宝贵意见，共同探讨，进一步推动我国的翻译教学事业发展。

陈海英

2021年10月

目 录

第一章 翻译概述 1
1.1 翻译的概念 1
1.1.1 国内相关代表性的概念 1
1.1.2 国外相关代表性的概念 2
1.2 翻译的标准 3
1.2.1 国内翻译标准 3
1.2.2 国外翻译标准 4
1.2.3 翻译教学标准 5
1.2.4 翻译职业标准 5
1.3 翻译的分类 5
1.3.1 按主体分类 6
1.3.2 按客体分类 6
1.3.3 按手段分类 6
1.4 翻译的过程 6
1.4.1 理解 6
1.4.2 转换 7
1.4.3 重构 7
1.4.4 审校 7
1.5 译者的素养 8
1.5.1 语言功底 8
1.5.2 百科知识 8
1.5.3 职业素养 8

第二章 英汉语言对比 10
2.1 文字与语音层面 10
2.1.1 文字 10
2.1.2 语音 11
2.2 语义层面 11
2.2.1 所指意义 11
2.2.2 能指意义 11
2.2.3 词义空缺 12

2.3 语法层面 12
2.3.1 "人治" 12
2.3.2 "法治" 12
2.4 句式层面 12
2.4.1 汉语句式 12
2.4.2 英语句式 13
2.4.3 动与静 13
2.5 语篇层面 15
2.5.1 衔接 15
2.5.2 连贯 16
2.6 思维方式 16
2.6.1 汉语思维 16
2.6.2 英语思维 16
2.6.3 思维差异的辩证认识 17

第三章 翻译过程中的理解阶段 19
3.1 非语言分析 19
3.1.1 作者与背景 19
3.1.2 风格与基调 19
3.1.3 文体与语体 19
3.1.4 语言变体 20
3.1.5 语境分析 20
3.1.6 逻辑分析 21
3.2 语言分析 22
3.2.1 语法分析 22
3.2.2 语义分析 23
3.2.3 句法修辞 23

第四章 翻译的基本方法与策略 26
4.1 翻译的基本方法 26
4.1.1 直译（Literal Translation） 26
4.1.2 意译（Liberal/Free Translation） 27
4.2 翻译的基本策略 28
4.2.1 归化（Domestication） 28
4.2.2 异化（Foreignization） 29

第五章 翻译的技巧 33
5.1 增词法 33
5.1.1 什么是增词法 33

  5.1.2 增词法的适用范围 33
  5.1.3 特定情况下的增词法 34
5.2 减词法 34
  5.2.1 什么是减词法 34
  5.2.2 减词法的适用范围 34
  5.2.3 特定情况下的减词法 35
5.3 转类法 35
  5.3.1 转译成动词 36
  5.3.2 转译成名词 37
  5.3.3 转译成形容词 37
  5.3.4 其他词类转译 38
5.4 概略化 38
  5.4.1 具体词义概略化 39
  5.4.2 具体概念概略化 39
5.5 具体化 40
  5.5.1 抽象概念具体化 40
  5.5.2 笼统概念具体化 40
  5.5.3 广义词词义具体化 40
  5.5.4 其他情况具体化 41
5.6 重复法 41
  5.6.1 语法需要的重复法 41
  5.6.2 修辞需要的重复法 42

第六章 句式结构的调整 44

6.1 层级转换 44
  6.1.1 逻辑顺组 44
  6.1.2 逻辑重组 45
6.2 SVO 句型的转化 45
6.3 化动为静 46
6.4 形合与意合 47
  6.4.1 采用意合句式 47
  6.4.2 采用形合句式 49

第七章 定语从句的翻译 52

7.1 译为定语 52
7.2 译为谓语 53
7.3 译为状语 53
7.4 译为独立小句 54

7.5　其他 55

第八章　无生命主语句的翻译 58
8.1　无生命主语句的特点 58
8.2　无生命主语句的翻译 59
　　8.2.1　改变原句中的主语 59
　　8.2.2　把无生命主语转化成汉语偏句 60
　　8.2.3　把无生命主语转化成汉语的状语 60
　　8.2.4　把无生命主语转化成汉语的外位成分 60
　　8.2.5　引申英语谓语动词的词义 61
　　8.2.6　运用使役句式 61
　　8.2.7　采用拟人化的句式 61

第九章　修辞格的翻译 63
9.1　修辞与修辞格 63
9.2　常用修辞格 63
　　9.2.1　比喻类修辞格 64
　　9.2.2　夸张类修辞格 64
　　9.2.3　语音类修辞格 64
　　9.2.4　语言游戏修辞格 64
9.3　修辞格的翻译 64
　　9.3.1　直译 65
　　9.3.2　直译+部分注释 65
　　9.3.3　跨层次转换 66
　　9.3.4　不译 67

第十章　汉英笔译概述 70
10.1　汉英笔译的单位与标准 70
　　10.1.1　汉英笔译的单位 70
　　10.1.2　汉英笔译的标准 71
10.2　汉英笔译对译者的要求 72
　　10.2.1　良好的语感及悟性 72
　　10.2.2　关注语境 74
　　10.2.3　目标意识 74
　　10.2.4　文化意识 75
　　10.2.5　工匠精神 75
　　10.2.6　职业道德 76

第十一章　汉语词语的英译 79
11.1　词义的选择 79

    11.1.1 词义的指称 79
    11.1.2 词义的引申 80
    11.1.3 词义的概括与具体 80
    11.1.4 词义的褒贬 81
    11.1.5 词语的搭配 81
    11.1.6 词语的语体色彩 84
  11.2 词语的英译 84
    11.2.1 转类 84
    11.2.2 增译 85
    11.2.3 省译 86
  11.3 特殊词语的英译 86
    11.3.1 颜色词的翻译 86
    11.3.2 国俗词语的翻译 88
  11.4 词语翻译中的"假朋友" 90

第十二章 汉语句子的英译 93
  12.1 汉语句子的英译 93
    12.1.1 换序译法 93
    12.1.2 转句译法 94
    12.1.3 合句译法 94
    12.1.4 转态译法 95
    12.1.5 正反译法 97
  12.2 典型句式的英译 98
    12.2.1 无主句 98
    12.2.2 连动句 99
    12.2.3 意合句 100
    12.2.4 主题句 100
    12.2.5 流水句 101

第十三章 汉语篇章英译（1） 104
  13.1 篇章分析与翻译 104
    13.1.1 文本特点 104
    13.1.2 汉英语篇差异 104
  13.2 篇章的衔接与连贯 105
    13.2.1 衔接的再现 105
    13.2.2 连贯的再现 109
  13.3 标点符号的翻译 110
    13.3.1 省译标点 111

13.3.2 添译标点 111
13.3.3 改译标点 112

第十四章 汉语篇章英译（2） 114

14.1 广告文本翻译 114
    14.1.1 广告语言特点 114
    14.1.2 文化差异 114
    14.1.3 翻译技巧 115
14.2 旅游文本翻译 116
    14.2.1 文本特点 116
    14.2.2 翻译方法 116
14.3 法律文本翻译 118
    14.3.1 法律文本的词语特点及英译 118
    14.3.2 法律文本的句法特点及英译 118
14.4 科技文本翻译 119
    14.4.1 科技英语的特点 119
    14.4.2 科技文本的翻译 120
14.5 外宣翻译 121
    14.5.1 外宣文本的词语特点及英译 122
    14.5.2 外宣文本的句法特点及英译 123

第十五章 新闻编译 128

15.1 新闻编译的意义 128
15.2 新闻编译的方法与原则 128
    15.2.1 新闻标题的编译 128
    15.2.2 新闻导语的编译 129
    15.2.3 新闻主体的编译 130

第十六章 中国文化的翻译 131

16.1 文化的本质特征 131
    16.1.1 文化的民族性 131
    16.1.2 文化的传承性 131
    16.1.3 文化的流变性 132
    16.1.4 文化的兼容性 132
16.2 中国文化的翻译 132
    16.2.1 文化翻译的原则 132
    16.2.2 习俗文化的翻译 133
    16.2.3 专名文化的翻译 135
    16.2.4 饮食文化的翻译 137

第十七章　翻译批评 140
17.1　翻译批评的分类 140
17.2　翻译批评的功能 140
17.3　翻译批评的原则 141
17.4　翻译批评的方法和步骤 142
17.4.1　翻译批评的方法 142
17.4.2　翻译批评的步骤 144
17.5　翻译批评应注意的几个问题 144

第十八章　中西翻译理论简介 147
18.1　中国翻译理论 147
18.1.1　东汉到唐宋的佛经翻译 147
18.1.2　明末清初的科技翻译 148
18.1.3　鸦片战争到五四运动时期的西学翻译 148
18.1.4　五四运动至中华人民共和国成立时期的翻译 149
18.1.5　中华人民共和国成立至今的翻译 149
18.2　西方翻译理论 150
18.2.1　翻译的语言学派 150
18.2.2　翻译的功能学派 151
18.2.3　翻译的文化学派 151
18.2.4　翻译的阐释学派 151
18.2.5　翻译的解构主义学派 152

参考书目 153
附录1　常用政治、经济词汇英译 156
附录2　国务院各机构名称英译 160
附录3　各级党政机关职务名称英译 162
附录4　英汉译音表 163

第一章 翻译概述

尽管社会各界对翻译的认识各有不同，但有一点可以确定，即翻译是一种极为复杂、涉及多门学科的语言转换活动。《礼记·王制》记载，"五方之民，言语不通，嗜欲不同。达其志，通其欲，东方曰寄，南方曰象，西方曰狄鞮，北方曰译。"其中的寄、象、狄鞮可以说是对我国翻译职业的较早描述。下面我们将列举几位古今中外有代表性的翻译家或翻译理论家，一一介绍他们对于翻译的不同认识。

1.1 翻译的概念

翻译活动涉及不同的主体和客体，需要用到不同的翻译工具和手段，因此翻译并没有一个固定的、一成不变的概念。

1.1.1 国内相关代表性的概念

《说文解字》把"翻"解释为"飞也"，本义是"鸟飞"；把"译"解释为"传译四夷之言者"。《中国翻译词典》认为，"翻译是语言活动的一个重要组成部分，是指把一种语言或语言变体的内容变为另一种语言或语言变体的过程或结果，或者说把用一种语言材料构成的文本用另一种语言准确而完整地再现出来。"

《译学辞典》按翻译过程定义如下："翻译是按社会认知需要、在具有不同规则的符号系统之间传递信息的语言文化活动。"

《翻译研究词典》指出，"翻译是可以用许多不同方式理解的、宽泛得令人难以置信的一个概念。"

郭沫若（1892—1978），中国现代作家、历史学家、考古学家，曾翻译过多个国家的文学作品，如《浮士德》《少年维特之烦恼》《政治经济学批判》《艺术的真实》等。郭沫若曾这样定义翻译："翻译是一种创造性的工作，好的翻译等于创作，甚至还可能超过创作。"这是他站在艺术的角度给翻译下的定义。

沈苏儒（1919—2009），浙江嘉兴人。我国著名的翻译家、中国翻译协会名誉理事、中国外文出版发行事业局资深外语专家。他在《翻译的最高境界："信达雅"漫谈》中指出，"翻译是把具有某一文化背景的发送者用某种语言（文字）所表达的内容尽可能充分地、有效地传达给使用另一种语言（文字）、具有另一种文化背景的接受者。"

张今（1927—2013），河南大学外国语学院卓越英语教授，资深翻译理论家，他指出，"翻译是两个语言社会之间的交际过程和交际工具，它的目的主要是促进本语言社会的政治、经济和文化进步，它的任务是要把原作中包含的现实世界的逻辑映像或艺术映像，完好无损地从一种语言译注到另一种语言中去。"

我国著名的翻译理论家吕俊将翻译研究划分为语文学范式、结构主义语言学范式、解构主义范式和建构主义范式四种研究范式,对翻译研究有较大的指导作用。他认为"翻译是一种跨文化的信息交流与交换活动,其本质是传播,是传播学中一个有特殊性质的领域。"

以上各位学者分别从不同的角度对翻译下了不同的定义。而随着社会的发展,翻译渐渐走出阳春白雪的境地,成为语言服务的一种类别,在经济社会的发展中贡献能量,创造价值。从这个角度来看,翻译工作不是什么超然于社会之外的艺术,而是配合社会发展需求而出现的雇佣式服务。从事语言服务行业的译者,其服务对象也随之发生了变化,"尊重原作者"不再为首要的考虑,客户的利益才是关键所在。他们通常需要考虑的外部因素包括译文用户对可靠性的要求、交货准时、合理的收费等。

1.1.2 国外相关代表性的概念

在以拉丁语为共同先祖的英语、德语、法语等语言中,translation源自拉丁语 translatio,其字面含义是"将……搬运到另一方"(to carry over on the other side)。

尤金·A·奈达是美国语言学家、翻译家、翻译理论家。他1943年获密歇根大学语言学博士学位,长期在美国圣经学会主持翻译部门的工作,曾任美国语言学协会主席,1980年退休后任顾问。他认为翻译是指从语义到文体在译入语中用最切近而又最自然的对等语再现源语的信息(Translating consists in reproducing in the receptor language the closest natural equivalent of the source language message, first in terms of meaning and secondly in terms of style)。

约翰·坎尼森·卡特福德是著名的英国语言学家和翻译理论家,伦敦学派的代表人物之一。卡特福德于1917年出生于苏格兰的爱丁堡,先后就学于爱丁堡皇家高中和爱丁堡大学,专攻法国语言文学。他在英国的伦敦大学研修俄语和斯拉夫语,以及东方语言和非洲语言(1948—1952),于1952年获文学硕士学位。卡特福德除在英国和美国任职外,还受聘于中东、东南亚等地的有关大学。他多年来一直从事语言的教学和研究,能流利地使用法语,比较熟练地掌握俄语和现代希腊语,还略懂德语、梵语、拉丁语、阿拉伯语、希伯来语、土耳其语和印度尼西亚语等多种语言,是一位颇有影响的语言学家。卡特福德在《翻译的语言学理论》一书中给翻译作了如下的定义:翻译是将语言(原文语言)组织成文的材料替换成等值的另一种语言(译文语言)的成文材料(The replacement of textural material in one language by equivalent textual material in another language)。他在概念里提到了"等值"。他指出翻译的等值关系并不是取决于源语和目的语单位具有相同的语言意义,而是取决于它们与该语境具有相同特征的关系。

巴尔胡达罗夫,20世纪著名的翻译理论家和语言学派代表人物,在1975年发表的《语言与翻译》一书中认为,翻译是把一种语言的言语产物(即话语),在保持内容方面(也就是意义)不变的情况下,改变为另外一种语言的言语产物的过程。语言(langue)是抽象的、稳定的,即"所有(语言使用)个体头脑中存储的词语—形象之总和,也就是某种语言使用者对这个语言认识的集合。话语（parole）是具体的，随着说话人的不同而改变，即"某个个体在实际语言使用环境中说出的具体话语，这是随时间和地点变化的一个动态的实体"。

彼得·纽马克，英国翻译理论学家，交际翻译与语义翻译的创始人，生于1916年。他从事过多种欧洲语言的翻译工作，是出色的译者和编辑。纽马克同时也是一位语言学家，并担任英国语言学家协会会长。他的主要兴趣就是把语言学的相关理论应用于翻译实践之中，将翻译研究和英语语言研究相结合。他认为：Translation is first a science, which entails the knowledge and verification of the facts and the language that describes them-here, what is wrong, mistakes or truth, can be identified; secondly, it is a skill, which calls for appropriate language and acceptable usage; thirdly, an art, which distinguishes good from undistinguished writing and is the creative, the intuitive, sometimes the inspired, level of the translation; lastly, a matter of taste, where argument ceases, preferences are expressed, and the variety of meritorious translation is the reflection of individual differences. 首先，翻译是科学，它包含知识和各种事实，以及用来描述它们的语言，在这个过程中，是非曲直均得到详细解释和确定；其次，翻译是技能，需要合适的语言和约定俗成的用法；再次，翻译是艺术，好的翻译应该是有创造力的和鼓舞人心的；最后，翻译是一种品位，减少非议，凸显完美，不同的译文体现了译者不同的风格。

《剑桥语言百科全书》对translation做了如下的定义：

"It is sometimes said that there is no task more complex than translation—a claim that can be readily believed when all the variables involved are taken into account. Translators not only need to know their source language well; they must also have a thorough understanding of the field of knowledge covered by the source text, and of any social, cultural, or emotional connotations that need to be specified in the target language if the intended effect is to be conveyed. The same special awareness needs to be present for the target language, so that points of special phrasing, local (e.g. regional) expectations, and so on, can all be taken into account."

定义指出，翻译是最复杂的一项人类活动，因为在翻译的过程中，要考虑到各种各样的因素。作为译者，不仅要对自己的母语有深刻认识，还要对翻译的领域有完整的认识，包括两种文化的社会背景和情感含义，所有这一切因素，都要全盘考虑。

1.2 翻译的标准

由于翻译的定义是多种多样的，与之相对应的翻译标准也不是唯一的。作为翻译实践的指导性原则和衡量译文的重要标尺，古今中外的翻译学者和翻译家分别提出了各有见地的翻译标准。下面分别做简要介绍。

1.2.1 国内翻译标准

严复之"信、达、雅"。清末民初的著名翻译家严复在其《<天演论>译例言》中说："译事三难，信、达、雅"，这"三难"成了影响后世翻译的三字金言标准。"信"指忠实于原文，"达"指语言通顺畅达，"雅"指文字古雅，用雅言翻译。这个标准在翻译界引起极大反响，新文化运动以后，"雅"受到不少人的指责，但是，还有一些人宁愿改变"雅"的所指意义，也不愿放弃这个字。现在以"信、达、雅"为标准的译者，一般都有自己对"雅"的理解，如"语言优美""切合原作风格""以适当形式吸引读者"等。

鲁迅之"宁信而不顺"。鲁迅曾说："凡是翻译，必须兼顾两面，一则当然力求其易解，一则保存原作的风姿。"这里的"保存原作的风姿"即忠实，"力求其易解"即通顺易懂，亦即"信、顺"的二字原则。"信"与"顺"的关系问题，当时曾引起过"宁信而不顺"和"宁顺而不信"的争论。鲁迅之所以主张"宁信而不顺"是与当时的社会环境息息相关的。他说："中国原有的语法是不够的，而中国的大众语文，也绝不会永久含糊下去。……有些新字眼，新语法，是会有非用不可的时候的。中国人不但要从外语输入新字眼，还要输入新语法。"因此，鲁迅的"硬译"，绝不是生搬硬套的"死译"，而是在引介外国优秀文学作品的同时，为中国的语言引进新的表现形式，输入新的表现方法，丰富汉语句法与语汇，从而给中国文化输入新的血液，带来新的生机。如今，我们的现代汉语表达已足够丰富，不需要再通过翻译引入新语法，倒是需要警惕一些"翻译腔"。翻译界对这个问题已基本统一了认识。鲁迅的标准可以说是矫枉过正的标准，但是对中国白话文的文学创作和现代语法的发展都起到了积极的推动作用。

傅雷之"神似说"。傅雷是著名的作家和翻译家，他翻译了很多法国文学作品，如罗曼·罗兰的《约翰·克里斯朵夫》、巴尔扎克的《欧也妮·葛朗台》和《高老头》。根据他的翻译实践，他认为以效果而论，翻译应该像临画一样，所求的不在形似，而在神似。他的译文以传神为特色，更兼行文流畅，用字丰富，工于色彩变化。

钱钟书之"化境说"。钱钟书认为"文学翻译的最高标准是'化'。把作品从一国文字转变成另一国文字，既不能因语文习惯的差异而露出生硬牵强的痕迹，又能完全保存原作的风味，那就算入于'化境'。"他的标准要求译者在语言上不要"生硬牵强"，内容上"完全保存原作的风味"，译作被比作原作的"投胎转世"，与傅雷的标准相比更臻完备。

1.2.2 国外翻译标准

泰特勒的"三原则"。英国翻译理论家泰特勒在《论翻译的原理》一书中提出了三条翻译原则：1.The translation should give a complete transcript of the ideas of the original work（译文应完全传达原作的思想）；2.The style and manner of writing should be of the same character with that of the original（译文的风格与手法应和原作属于同一性质）；3.The translation should have all the ease of the original composition（译文应具有原文的流畅性）。

费道罗夫的"等值论"。20世纪著名翻译理论家费道罗夫第一次明确提出"等值"的翻译标准。1953年，他在《翻译理论概要》一书中，修正了"等同翻译"的概念，提出了"翻译等值"的理论。他认为，"翻译就是用一种语言把另一种语言在内容和形式不可分割的统一中已表达出来的东西准确而完全地表达出来。"据此他认为，译文和原文之间完全可以建立确切对等的关系，而翻译等值"就是表达原文思想内容的完全准确并且在作用上、修辞上与原文完全一致"。

奈达的"读者反映论"。与上述的翻译标准不同的是，奈达在谈到翻译标准时，还考虑到了译入语读者的感受。他主张，衡量一部翻译作品首先必须考虑的问题，就是检查译文读者会做出什么样的反应,然后将译文读者的反应与原文读者的反应加以比较(a comparison of the way in which the original receptors understand and appreciate the text and the way in which receptors of the translated text understand and appreciate the translated text)。如果原文读者理解和欣赏源语作品的方式和译文读者理解欣赏译作的方式是一致的，那么翻译就是成功的。他把读者因素纳入翻译标准里，是对翻译标准研究的重大贡献。

1.2.3 翻译教学标准

中华人民共和国教育部（下简称教育部）高等学校英语专业英语教学大纲工作小组编写的《高等学校英语专业高年级英语教学大纲》规定，英译汉、汉译英的评估项目分"忠实""通顺"两项。"忠实"具体阐述为"原文的信息全部传达，语气和文体风格与原文相一致"；"通顺"具体阐述为"断句恰当，句式正确，选词妥帖，段落之间、句子之间呼应自然（英译汉）"和"句式处理恰当，选词妥帖，英语比较地道（汉译英）"。按百分计算，对英汉互译的评估标准里，"忠实"占60%，"通顺"占40%。

1.2.4 翻译职业标准

我国早在2003年就发布了《翻译服务规范》。这个规范首次以国标的形式对翻译服务方的业务接洽、业务标识、业务流程、保质期限、资料保存、顾客意见反馈、质量跟踪等方面，提出了明确的规范性标准。该规范将翻译分为笔译和口译两部分。根据作为社会服务的翻译工作特点，为了规范翻译行为，确保翻译质量，包括翻译业务的整个流程，从接洽业务到业务结束后的客户反馈，该规范都做了较为详尽的说明和规定。该规范也是各翻译公司的服务规范和质量标准。翻译行业标准中的《翻译服务译文质量要求》明确规定了译文质量的基本要求、译文质量的特殊要求和译文质量的其他要求。

1.3 翻译的分类

根据翻译的主体、客体、工具、手段和方式等的不同，翻译可以分为不同的类型。按所涉及的语言符号来分类，可分为语内翻译（intralingual translation)、语际翻译（interlingual translation）和语符翻译（intersemiotic translation）。语内翻译就是同一语言内部不同语言变体之间的转换，如古英语和现代英语之间、古汉语和现代汉语之间、方言和普通话之间、行话和通俗表达之间的转换。按照俄罗斯语言学家罗曼·雅各布森的说法，语符翻译就是文字符号与非文字符号之间的转换，如把图画、手势、数学符号、音乐符号等转换成语言。语际翻译就是不同语言间的转换，是狭义翻译的研究对象，也是本书探讨的对象。

1.3.1 按主体分类

根据翻译主体的性质,翻译可分为人工翻译和机器翻译两类。后者是现代智能科学和现代对比语言学结合的产物,有望在某些领域替代人工翻译,但目前仍以机器辅助人工翻译为主。

1.3.2 按客体分类

根据翻译客体的性质,即所译资料的性质,翻译可分为文学翻译和实用翻译两类。前者包括诗歌、小说、戏剧等文学作品的翻译,着重情感内容和修辞特征的表达;后者包括科技、商务、公文等资料的翻译,着重实际内容的表达。当然,两者都可以进行更进一步的分类,文学翻译可更进一步细分为小说、诗歌、戏剧、散文等的翻译;实用翻译可进一步细分为科技论文、新闻报道、广告、信函等的翻译。

1.3.3 按手段分类

根据翻译的工具和成品形式,翻译可分为口译和笔译。根据翻译方式,翻译可分为全译、摘译和编译。全译,顾名思义,指翻译全文,是翻译最基本的方式;摘译,指根据特定目的摘取、翻译原文的部分内容,以利译文读者更方便、更快捷地获取所需原文文献信息的方式;编译,则是"编辑"和"翻译"的结合。其中,全译是基础。翻译学习者应该从学习全译开始,牢牢掌握翻译的基本知识,了解翻译的过程和一般原则,扎扎实实打好基础。

1.4 翻译的过程

翻译的过程大致可以分为四个阶段:理解、转换、重构、审校。

1.4.1 理解

理解就是阅读原文,此阶段的工作语言应该是源语,用源语思考,正确理解原作者的写作意图及其所表达的意思。分析越透彻,准备工作越充分,翻译起来就越得心应手,也就越容易译出好的译文来。这种认真的工作态度也是对翻译工作者的一个基本要求。如果拿到原文,不待看完就匆忙动笔,结果往往是译到最后还没弄清原文到底讲了些什么,这种工作态度是万万要不得的。阅读原文的过程,实际上是和作者交流的过程。普通读者在阅读时往往可以"不求甚解",只需弄清大意即可;而译者则必须彻底弄清每个句子、每个词甚至每个音(如在翻译诗歌时)的意义,并找到它们之间的联系,对原文的有机构成做到胸有成竹。这好比临摹画作,普通的观画者,只看画上画了些什么,画得像不像;而临摹者则必须看懂原画上的每一根线条、每一种色彩,以及它们是怎样有机地结合起来表达画的意境的。有些译文与原文貌合神离,其部分原因就是没有"吃透"原文,也就是说,没有成功地解读原文。这就好比有些临摹画，虽然看上去很像原画，但是意境却相差甚远。因此翻译理解阶段的工作非常重要，这一阶段在整个翻译过程中所耗费的时间也应该是最多的。

1.4.2 转换

转换阶段就是将源语转换成译入语的阶段。这是翻译过程的主要阶段，译者要对两种语言结构有清醒的认识，可以熟练地将源语所表达的内容，以及源语所采用的形式尽最大可能原汁原味地进行再现。译者在阅读原文的过程中，实际上已经开始了对原文进行转换的过程。译者在阅读、揣摩原文时，实际上已经在考虑如何将它"移"到译入语的环境中去了，每个可能会对翻译造成困难的词句（包括它们的语义和文化内涵等）已经在译者的脑海里"登记注册"了，甚至对于它们可能的译法，也有了粗略的甚至是非常仔细的考虑。这一步是极其重要的。可以说，没有这个"转换"过程，就不可能诞生合格的译文。有学者说，"阅读已经是翻译了，而翻译则是二次翻译。"这句话是很有道理的。

在这一阶段，如果翻译的对象是说明类的文章，为确保译文地道正确，能被目的语读者较好地接受，译者还可以参阅平行文本，即用目的语写作的类似文本。如果我们要把一个中文的景点介绍译成英语，最简单的方法是去阅读一些英语原版的景点介绍，在阅读过程中学习和吸收一些专业术语和地道表达，进而在翻译过程中灵活使用。

1.4.3 重构

重构在翻译的过程中既可以在第二阶段进行，也可以在第四阶段进行。重构过程涉及两个主要范畴：形式范畴和功能范畴。形式范畴又有文体和体裁之分。除此之外，还要注意到功能范畴，这直接关系到译文能否达到应有的效果，能否引发译文读者做出预期反应。即使所有词汇，甚至习语，在译作语言中都已找到了理想的对应词和对应的表达方式，如果不注意在句法上做适当调整，根据不同的句法结构重新安排语义单位，往往会造成译文生硬，也就是"翻译腔"，使人读上去晦涩难懂。

1.4.4 审校

此时译者已完成了语言转换工作，呈现在译者面前的是一个译入语的作品，译者需要用译入语的思维方式对译作做最后的整合处理。通过原文与译文的对比来检查译文的准确性、适当性、完整性、术语的一致性，以及语境与风格方面存在的问题，最终使译文经得起与原文的对照。审校的目的是以目的语读者的身份来检验译文，看目的语读者能否读懂，能否理解和接受。通常的做法是先抛开原文，以地道的译入语的标准去检查和衡量译文，在条件许可的情况下，最好能请以目的语为母语的读者校验，因为译者本人往往受自身思维模式的束缚，很难发现自己的错误。许多国际组织的翻译部门和商业性的翻译公司都有不同的小组，对所有的译文层层把关，其原因就在于此。

1.5 译者的素养

译者被称作"戴着枷锁的舞者",可见,译者要想再创完美译文,不能仅靠自身的主观能动性,还需要考虑来自原文的种种限制,要想在"枷锁"的限制下呈现舞蹈艺术着实不易。我国隋代著名的高僧、佛经翻译家彦琮,在《辩正论》中根据自己多年的佛经翻译经验提出了佛经翻译者应具备的素养,即"八备说",南开大学外国语学院王宏印教授将其解释为:热爱佛法,不怕耗时长久;忠实可信,不惹旁人讥疑;通达旨意;不存暗昧疑点;涉猎经史,不令译文疏拙;度量宽和,不可武断固执;淡于名利,不求哗众取宠;精通梵文,不失原文义理;兼通汉语,不使译文失准。即使在今天,这8条准则的提出仍然对译者有一定的指导意义。总体来讲,译者应具备的素养包括以下三个方面。

1.5.1 语言功底

扎实的语言功底是译者必备的基础技能。作为译者,不仅要精通外语,还要对母语有深刻的认识;不仅要有精深的言内认识,还要有广博的言外认识,并且要有敏锐的语感和语言意识。作为英语类专业的培养目标之一,翻译的能力需建立在听说读写的基础上。没有良好的语言功底,翻译便无从谈起。

1.5.2 百科知识

关于译者素养,有一句英语是这样说的:A translator has to know everything of something and something of everything.如果说"everything of something"中的"something"是指语言知识的话,那么"something of everything"则是指丰富的百科知识,这些知识不需我们精通,但要了解。作为英汉双语之间的译者,必须熟悉我国和以英语为母语的国家的诸如历史、宗教、政治、地理、军事、外交、经济、文艺、科学、风土人情、民俗习惯等方面的社会文化。

1.5.3 职业素养

翻译是一项非常复杂、非常仔细的工作,需要译者付出艰巨的劳动。我国的翻译工作作为中外交流的桥梁,肩负着传播先进文化、促进社会进步和世界文明发展的历史使命。凡有志于翻译工作的人,必须具有对社会负责的精神,必须对这项工作倾注极大的热情。翻译工作是一种严谨的高强度脑力劳动,所以翻译人员应具备严谨、踏实的职业作风,任何浮躁、急功近利的人都不适合从事翻译工作。鉴于翻译工作要求翻译人员具有深厚的外文功底及渊博的知识,所以翻译人员应具有谦虚好学的精神,努力提高外文水平,不断拓展知识面。值得一提的是,译者应该随时关注最新的翻译技术,掌握先进的翻译工具。翻译人员应该尊重译文使用者的合法利益,对接受和进行翻译工作中可能得到的资料,均应视为职业秘密;未经许可不得以任何方式复制或泄露给第三方。

练习一：

一、请思考并和同学探讨以下问题。
1. 英译汉和汉译英的难度一样吗？为什么？
2. 在翻译过程中应尽量避免的问题是什么？
3. 翻译的过程大致包括几个步骤，分别是什么？

二、语篇翻译。

BANANAS
Advantage: potassium

Low in calories and fat, the banana is a perfect example of a flavorful food that is exceptionally good for you. It contains a number of minerals, notably potassium, one of the body's most important elements. Potassium provides a counterbalancing action with sodium and is directly connected to proper fluid balance, and overall muscle tone. A potassium shortage can lead to weakness, insomnia, even an irregular heart rate. Keep up your natural potassium supply with a banana a day, sliced on cereal, wrapped into pancakes or frozen on a stick.

MILK, 99% FAT-FREE
Advantage: calcium and phosphorus

These two essential and complementary minerals are found together in milk, and in a ratio beneficial to the absorption and utilization of the two elements. Calcium is needed for regular muscle function as well as for strong bones. Phosphorus is involved in nearly all metabolic functions, including heart and muscle contraction, the digestive processes, and the transfer of cellular energy. What we don't need are the excess fats contained in whole-milk products. 99% fat-free milk provides a good compromise: a small amount of fat to aid nutrient absorption especially of the fat-soluble vitamins A and D, usually added to milk.

From *Foods to Keep You Healthy*, by Joan A. Friedrich

第二章　英汉语言对比

翻译涉及多种语言，就本书而言，翻译主要涉及英语和汉语。因为每一种语言的产生和发展都有其独特的历史渊源，受地缘社会因素和政治因素等的深刻影响，语言也会有不同的呈现。要想做好两种语言之间的自由转换，有必要对两种语言的本质、要素、系统、结构和功能等方面，做全面的对比。英语和汉语分属不同语系，除了具备作为人类语言共性的"物质属性"，更多的是不同之处。英语属于印欧语系，汉语属于汉藏语系中的汉语族，两种语言具备同质性，即它们反映客观世界的同一性，在符号学中称为所指的同一性（the identity of the referent）。如果缺乏所指的同一性，人们就无法进行有目的的交流。语言各有千秋，现今存在的人类语言可以相互借鉴，相互渗透，相互补充，但任何一种语言都绝不可能被其他语言取而代之。可见，语言的生命力就在于它具有另一种语言所无法取而代之的异质性。语言的异质性必然充分体现了该语言赖以生存的文化母体的民族性。本章将从六个方面对英汉两种语言的内部和外部要素进行对比分析。

2.1　文字与语音层面

2.1.1　文字

文字是语言的视觉符号体系，文字体系非常充分地体现了语言的异质性。英语属于表音文字中的音素文字，它是一种线性文字，汉语属于表意兼表音文字，其中形声字占80%以上，是音、形、意三位一体的。汉语文字大体成方块形状，是一种非音素组合的结构，它只能直接组合，也就是以对接的形式组成词，而英语则可以通过音素变化组成词。汉字的这种一致性对汉语语法、句法乃至整个语言都具有根本的深刻的意义。英语的线性文字属于完全依据语音和音素的任意性符号，其音素组合的任意程度很大，信息量很低。英语的字母音素组合，使英语的词具有形态发生能力，即词的基本构架未变，但词的数、性、格以及词性已经改变，如foot—feat, he—his—him等。英语的单词广泛带有形态、功能标志和词性标志，从而使英语语法结构显性化，使英语具有比较易于把握的形态程式。而汉语则不然，汉语文字系统微观结构的图像性很强，任意程度低于表音文字，信息量高于表音文字，汉语的自释性很强，视觉语义分明。汉字发源于图像文化，历史上的语义沉积使汉语形成了因形见义的独特性，比如"森"，三个"木"字可以因形见义为树林。汉字本身常形成一个小的、基本的意义自足单元，它的长处是可以表示一定的意义，信息量高，自释性强，其弱点是在词的组合构造中，词性的显示只能靠附加助词和在更大的程度上凭借词在句中的意义来判断，这就使汉语的语法隐性化，使汉语语法结构和功能整个处于隐含状态。

英语构词比汉语复杂，其基本手段除词类转换和词形无变化外，其他手段词形都有变化，而且主要依靠加缀法。

2.1.2 语音

在语言的各层级范畴中，语音都充分体现了该语言的特殊素质。语音体系体现异质的主要事实有：一、音位（元音和辅音）的发音特质。比如英语的"r"和汉语的"r"不同，汉语中实际上不存在"r"，"r"音译为"尔"，"尔"的拼音是"er"；汉语中也不存在边音"l"及齿舌音"θ"等，英语中则没有汉语的"知"（zhi）"吃"（chi）"湿"（shi）"日"（ri）。二、声调系统汉语有"平""上""去""入"四声，以及平仄（"仄"包括"上""去""入"）交替组合的规律，如"相见相重""一三五不论，二四六分明"等汉语典型的音律，英语没有。三、重音。英语有词的重音和句的重音，汉语只有句的重音。四、音调法则。英语有升调、降调、升降调规则，汉语中没有升降调规则，升降的规则也不同于英语。

2.2 语义层面

在理论上，汉语依仗直接对接，可以组成50万个有义语素，英语只能组成200余个音节。汉字造词机能强，这是汉语倾向于寓新义于新词，排斥一词多用的根源之一。英语充其量只能衍生800多个音节，其中搭配力强的只有近200个音节，因此英语必须充分利用旧词，以旧词寓新义。此外，英语从诞生之日起就处在与欧洲其他语言的广泛接触中，便于兼容并蓄，吸收大量外来词。因此，在语义的对应上，英语和汉语之间也存在一些差异。

2.2.1 所指意义

尽管世界上的文化语言多种多样，但是它们所反映的客观世界是一致的，所以，英语和汉语的字词意义与其所指的对象有时候是一致的，一般来说，这些都是实体物质名词。表示实体的词比较容易翻译，因为可以在英汉两种语言中找到语义完全相同的词，如 computer 对应"电脑"或"计算机"，car 对应"小轿车"，milk 对应"牛奶"等，都不会引发歧义或误解。

2.2.2 能指意义

有些词，特别是抽象的、表达概念的词，其核心语义在英汉两种语言中没有大的差异，但其附加的文化意蕴却有很大差别。比如"个人主义"在汉语中是带有贬义色彩的，而 individualism 则是一个很普通的中性词。还有一些颜色和动物的词语，有时所指完全一样，文化含义却完全相反，如红色（red），在汉语中，红色象征喜庆、吉祥、热烈、革命，而在英语中则表示暴力、色情。狗在汉语中象征卑躬屈膝，但是在英语中则是忠实、聪明的象征。

2.2.3 词义空缺

一些文化负载词，尤其是带有明显地域色彩的词语，往往在另一种语言里找不到对应的表达。比如中国文化象征词"龙""功夫""阴阳""五行"，以及现代科技发展带来的新事物clone（克隆）、gene（基因），都属于在译入语中词义空缺的情况。一旦出现译入语词语缺项的情况，常使用的方法是造词或者音译结合意译，如X-ray（X光）等。

2.3 语法层面

由于不同的构词机制，导致英语和汉语语法呈现不同的表现形式。英语语法是显性的，在组词成句表意过程中起着关键作用。而汉语语法则是隐性的，句意的表达不靠语法分析，更多来自说话者和听话者的自我理解。

2.3.1 "人治"

我国著名的语言学家王力先生曾说汉语是"人治"的语言，而印欧语系的语言是"法治"的。所谓"人治"，就是汉语的语义构成或者语义理解更强调"人"的因素，受人的悟性和表达需要的管治；而"法治"则说明受人的理性、语法和逻辑的管治，语言更易受语法的制约。中国跨文化交际学会会长贾玉新在《跨文化交际学》中提到，英语高度形式化、逻辑化，句法结构严谨完备，并以动词为核心，重分析，轻意合；而汉语则不注重形式，句法结构不必完备，动词的作用没有英语中那么突出，重意合，轻分析。

2.3.2 "法治"

英语严格遵守语法规则，在词性、数、格、时态、语态方面有较严格的客观规定。如在Don't come in until I call you这个句子中，连词until连接两个句子，代词I作为从句的主语，承担的任务分明，因此不可以省略。而在同样意思的汉语句子"不叫你别进来"中，连词和主语均省略，但是并未影响句子的意思。由于英语重形合，句法结构严谨，所以动词的作用更突出，表意更注重语法分析。

2.4 句式层面

2.4.1 汉语句式

汉语在表达思想时，采取的是思维向语言直接外化的方式，而不是像屈折语那样采取间接的方式，后者中间必须有一个形式，接受思维的投射，才能转化为语言的表层结构。汉语句子可以没有主语，谓语可以是动词性谓语，也可以是形容词性谓语。汉语主语与谓语之间的关系是比较松散的，相关性远不如英语中的主谓关系。汉语中可以有并列主语，这种并列主语也可以叫"大主语+次主语"，这时的大主语往往是话题主语。话题主语的涵盖面可以很宽。汉语重意合，句法结构松散，所以就使得词在表达意思上担子更重些。"鸡声茅店月，人迹板桥霜"这两句诗，完全看不到句子的主谓，六个名词的累加，就可以给读者带来生动幽远的意境。汉语句式习惯于把重点信息放在句尾，属于句首开放型，即左分支结构，句子的左侧内容可以无限扩展，但是右侧不可以。如下面的例子：

对。

不对。

我认为他不对。

我告诉过你我认为他不对。

我明明告诉过你我认为他不对。

我开会时明明告诉过你我认为他不对。

我昨天开会时明明告诉过你我认为他不对。

2.4.2 英语句式

英语的句子是以动词的形态变化为主轴展开的，动词与作为实施者的名词搭配，一起形成了英语句子的主谓提挈全句的机制。英语句法形成了以动词形态变化为主轴的比较易于把握的形态，主要表现为时态、语态、情态等范畴形式，集中于主谓的核心构架机制。英语句子纵有千变万化，究其基本构架，不能没有主语和谓语。这一点与汉语有很大的不同。但是，英语又不是一种执着于严实不变的形态的语言。在漫长的历史演变中，英语甩掉了约束其发展的曲折变化，从而加强了语序的句法功能，这样就使英语成了一种综合分析型语言。

相对于汉语来说，英语句式习惯于把重点信息放在句首，属于句尾开放型，即右分支结构，句子的右侧内容可以无限扩展，但是左侧不可以。如下面的例子：

He is reading.

He is reading a book.

He is reading a book written by Mark Twain.

He is reading a book written by Mark Twain in the reading-room.

He is reading a book written by Mark Twain in the reading-room on the second floor of our library.

He is reading a book written by Mark Twain in the reading-room on the second floor of our library which has just opened.

因此，英语句式被形象地比作"孔雀尾"，汉语句式则是"狮子头"。

2.4.3 动与静

英汉两种语言在表述某一动作概念时均有一个共同的特点：既可选择静态的表述方式，也可选择动态的表述方式。静态表述方式在英语中多以"be+名词/形容词/副词/介词短语"句式为主，在汉语中多以"是+名词/形容词"句式为主；动态表述方式则是指"动作动词/

动态动词+其他句子成分"这类句式，在英汉两种语言中均十分常见。英语由于其词法和句法体系有别于汉语（如英语中名词、介词占优势），所以在选择表述动作意义的方式时常常是静态表述方式多于动态表述方式。这种"以静表动"的方式使英语行文显得更为精练和多样化。而汉语却因有多用动词的固有习惯（汉语中常常出现大量兼动式和连动式的说法），所以重动能描写，在选择表述动作意义的方式时常常是动态表述方式多于静态表述方式。这一差别在翻译时必须妥善处理，常用的方式有两种：一是化静为动，二是化动为静。

化静为动是指把原文的静态句式转换为动态句式，强化原文的动态色彩，使译文符合汉语的行文习惯，明白流畅。英语中的静态表述方式可以是无动词句，例如：

1. Now for the discussion.
现在进行讨论。
2. This way, please!
请走这边！
3. So far so good.
到目前为止进展不错。

英语中常见的静态句式如下。

be+动词的同源名词句式：

1. He is the murderer of his boss.
他谋杀了老板。
2. He has been the ruler of the region for as long as twenty years.
他统治那个地区长达20年之久。
3. Cardiovascular disease is American number one killer.
在美国，死于心血管疾病的人高居榜首。

be+非动词的同源名词句式：

1. My party was a quite affair.
我的欢送会开得很平静。
2. They were all eyes as the presents were opened.
礼品打开时，他们全神贯注地看着。

be+动词的同源形容词句式：

1. This program was not popular with all of the troops.
并不是所有军队的人都喜欢这个计划。
2. An acquaintance with the modern Chinese history is helpful to the study of Chinese revolution.
了解一下中国近代史，对研究中国革命是有帮助的。

be+非动词的同源形容词句式：

1. His ill health has been a very anxious business.

他身体不好令人十分担忧。

2. I am quite ignorant of what they intend to do.

我的确不知道他们打算干什么。

be+副词句式：

1. We must be off now.

我们得走了。

2. The performance is on.

演出已经开始了。

be+介词短语句式：

1. Because of bad government, the company was in the red.

由于管理不善，公司出现亏损。

2. The factory is under construction.

工厂正在建造中。

反向观察以上例子，就是汉译英时的化动为静。

2.5 语篇层面

对于比句子大的语言单位，有几个概念需要理清。它们是话语、语篇、篇章。由于我国现代语言学理论借鉴和吸收西方语言学理论较多，因此有些语言学术语源自对这些理论的翻译。如discourse被认为是表达意义的最小的单位，对应的汉语是语篇或话语。话语指的是表现某个主题的具有相互联系的、符合逻辑的表达，或某个主题的扩展的表达。话语也指会话，从现代语言学的角度看，话语指的是大于句子的任何叙述语，从这个意义上说，在某个特定语境中，话语可能是完整的"篇章"（text），也可能不是完整的篇章。英语的篇章（text）是使用中的话语（discourse）。在这里，为论述方便，不再区分口语或书面语，关于语篇和篇章也不再做具体辨析，统称为语篇。

从语言结构来看，语篇是超句结构，也就是中国传统语法研究中的复句结构。两个彼此有关联的小句就是语篇。语篇的两个重要特征是衔接和连贯。

2.5.1 衔接

衔接指的是形式联系，是"表层篇章"成分之间有顺序的相互联系的方法。所谓表层篇章，其实就是我们所见到的和听到的实际的词语。表层篇章当然是由表层成分组成的，而表层成分又是遵循语法形式和约定俗成的方法，相互依存。衔接是篇章的有形网络，常见的衔接手段有照应（reference）、替代（substitution）、省略（ellipsis）和关联（conjunction）。汉语更常使用原词复现和省略，而英语则更多使用照应和替代。汉语倾向于用重复手段，而英语倾向于用替代手段。汉语不喜欢使用同义替代的手段，因为会使精神分散；也不喜欢使用代词，因为容易变得所指不明。

2.5.2 连贯

连贯指的是功能联系，或者说是有关"篇章世界"的各种概念相互依存、相互关联。篇章实际在这里指的是在形式篇章之下的"概念"结构和"关系"结构。"概念"可理解为人脑中存在的、可提出的、可激活的知识结构，也就是认知内容。各种概念并非仅仅单个存在于脑中，而是需要通过"框架、脚本、情境、图式"等理论概念从头脑里提取并组织起来。"关系"可理解为出现在"篇章世界"中的概念和概念之间的联系。篇章的连贯性也是篇章内聚力的体现。它一方面通过篇章标示词如连词和副词来取得，更重要的一方面则取决于各概念或命题之间与主题的语义逻辑上的联系。如：

1. Jack fell down and broke his crown.
杰克摔倒在地，摔坏了花冠。（因果）
2. Old Mother Hubbard went to the cupboard to get her poor dog a bone.
老母亲向厨柜走去，想给可怜的狗拿骨头。（目的）

2.6 思维方式

2.6.1 汉语思维

日本学者中村元在他的《中国人之思维方法》中讲到，"中国人的文章的文字多以四字、七字为对，为整备这一形式，牺牲意味致使文章暧昧，亦在所不惜。不用普遍的抽象的概念，只驱使有来历的典故熟语，极富于优雅的意味。中国人的文章也是就具象的形态而爱好其复杂多样性的这一特性而展开的。"作者认为中国人更倾向于透过个别的行为去看普遍的经验教训，就事务个别性以观察事务，正是中国人的思维方法之一长处。中国人喜欢由原因推导结果，不喜欢由结果分析原因，相比推论，他们更重视归纳的思维方式。中国人不喜欢动态地把握事务，而喜欢静止地去把握，也就是说中国人更偏向静态思维、具象观察和判断。所以，中国人讲究天人合一、物我交融，注重自我感觉，崇尚感性，交流时，更在意心领神会。汉语民族比较注重主体思维，往往从自我出发来叙述客观事物；倾向于描述人及其行为或状态，常用主动式、意念被动句和人称主语表达法；当人称不言而喻时，又常常隐含人称或省略人称。

2.6.2 英语思维

与汉语民族相反，英语民族比较注重客体思维，喜欢把自己和事务拉开距离客观地进行观察，倾向于动态地把握事务，主张物我分离。语篇倾向于描述事物的客观情况，注重客观的分析推理。英语思维更注重逻辑推理和抽象说理，也更直接，不在乎与主题无关的细节方面。

2.6.3 思维差异的辩证认识

东西方社会有很多本质的不同，如中国社会较注重国家、集体，而西方社会则更强调个人；中国社会独特的人情观和西方社会也不尽相同。目前讲到中西文化对比，基本还是以空间为基础的对比，在全球化发展的今天，这是很不全面的。因为，世界在发展，世界上的各种文化在交融与互鉴，也在互相影响并发生着变化，要想对东西方的文化差异有一个客观、全面的考察，最好加上时间的维度，把不同的社会形态放在时间的大背景下思考其中的差异。美国社会学家大卫·理斯曼在《孤独的人群》一书中将人类社会分成三类：传统导向（tradition-directed）社会，在时间轴上相当于前现代社会（pre-modern）；内心导向（inner-directed）社会，在时间轴上相当于现代社会（modern）；他人导向（other-directed）社会，在时间轴上相当于后现代社会（post-modern）。不论西方还是东方，几乎所有的人类社会形态都要经历这三个阶段，这与社会的意识形态以及所处的地理环境并没有什么联系。

在传统导向社会里，人们总是向传统或民族的神话传说寻求准绳，一旦背离传统，不仅会自身蒙羞，还会给自己的家族或族群带来耻辱，这种背离会遭到来自传统的惩罚。此时表现出来的价值观和社会准则也是有相似之处的。内心导向的社会，人们总是向内心深处已经建立的一套原则寻求准绳，如果违背了这个准则，就会觉得内疚。现代社会，人们逐渐摆脱了传统观念对个人发展的束缚，越来越追求个人价值的实现。到了后现代社会，也是社会加速发展的时期，人们渐渐在爆炸信息中，在各种媒介宣传中，在各种欲望中迷失自己，不再听从自己的内心，转而向他人寻找依托，在他人导向的社会，人们往往会出现焦虑的状况。

不同类型社会中的人对生活的态度会因自己的境遇不同而异。由于这三个类型的社会中人的世界观、人生观不同，所以要在三个不同类型的社会中进行有效的语言交流就有必要将信息接受者所处的社会环境考虑进去。译者有必要将那些东西方社会中截然不同的价值观、概念放到不同社会形态的大背景下仔细分析，才能正确解读出它们在原来语言中的意义以及在跨文化交流中可能衍生出来的附加含义，使得不同社会文化背景的人在错综复杂的跨文化交流中仍可以"心有灵犀一点通"。

练习二

一、英汉语言的差异主要体现在哪些方面？

二、语篇翻译。

In the distance we could see half a dozen cars filled with other visitors. They had gathered in the circle at the bottom of a stream. We bumped over the rocks toward them. There in the long grass about twelve feet away two other lionesses and eight cubs were playing. This is the kind of scene that has made Nairobi Park famous. It is hard to believe that one can get so close.

Both mothers were lying on their backs with their paws in the air. The cubs were pretending to fight them. The younger ones were not very clever at this game. They came stalking through the long grass with great intentness. Then, just as they were about to pounce, something would catch their attention. It might be another cub stealing up behind, or just a butterfly passing by on the breeze. They would prance on their hind legs, making wild swipes in the air or tumbling over each other. Their heads seemed at times just a bit too heavy for them to handle. Often their weak legs got hopelessly out of control.

  The older cubs, however, were much more professional. It would be a year or more before their mothers had taught them how to go out and kill for themselves. But already that quick pounce to the throat looked very real. Once or twice, the game got too rough. Then the mother bared her teeth a little. With one lazy blow she sent the cub tumbling head over heels into the grass.

From *Wild Animals Face to Face*, by Alan Moorehead

第三章 翻译过程中的理解阶段

在第一章中我们已经提到翻译过程中的理解阶段非常重要，此阶段需要做很多工作。本章主要对语言因素和非语言因素进行分析。

3.1 非语言分析

非语言分析其实就是文本语言之外的分析，包括背景分析、文体分析、风格分析、逻辑分析等。非语言分析便于译者把握文本的总体风格，熟悉相关背景知识和文本所涉及的对象的专业知识等。

3.1.1 作者与背景

作者与背景分析主要包括作者的个人信息、经历和创作背景。了解作者的生活经历和思想观点，可以准确地把握作品的精神实质。就文学作品而言，作者的思想观点左右着他的整个创作过程。题材的选择、主题的开掘、情节的提炼、结构的安排、人物形象的塑造都直接或间接地受作者思想观点的制约。不了解作者的经历和思想，就会影响到对整部作品的宏观和微观理解。背景包括作品产生的背景即作者创作的时间、地点、动机、心态、创作经历等，甚至包括源语的整个文化状态。背景还包括文学作品的故事情节发生和发展的背景，这有大小和虚实之分。因此作者的创作背景和作品中的事件发生背景有可能是重合的，也有可能是两个完全不同的背景。

3.1.2 风格与基调

作品的风格指作者体现在作品里的语言个性，是语言艺术的综合体现。风格不仅指语言特色，还包括叙述方式、布局谋篇等创作特色及某些非语言因素的巧妙运用。风格与基调和作者的个人写作风格密切相连，与表达主题也密切相关。风格与基调是蕴含在文本里的东西，必须通过仔细阅读才可以慢慢体会和把握。很多作者都有自己独特的写作风格，这些写作风格与他们创作的作品的基调息息相关。作者的风格可以通过研究作者获得，作品的基调往往需要多次细读和分析才能达成。对于蕴含在字里行间的或高昂，或低沉，或活泼轻快，或幽默，或辛辣的基调，同样需要译者下功夫。

3.1.3 文体与语体

汉语的"文体"和英语的 style 有着十分丰富的含义。我国传统的语言理论用"文体"一词指文章的体裁。西方现代文体学是在传统修辞学的基础上发展起来的，它把文章体裁、语言变体、语言风格、修辞等结合起来研究，因此英语的 stylistics、法语的 stylistique、德语的 stillistik等术语就有文体学、语体学、修辞学、风格学等多种汉语译法。由于人们对语言与文学之间这一空白地带的深入研究，加之受西方语言理论的影响，越来越多的人倾向于扩展"文体"这一概念的外延，用它来指语言变体、语言风格、文章体裁、修辞等一系列紧密相关的语言问题。现在公认的英语四大文体（four types/modes of writing）主要包括论说文（argumentation）、描写文（description）、说明文（exposition）和记叙文（narration)，而genre 则表示体裁，如小说、散文、戏剧、诗歌等。语体（writing styles）是由于交际方式和活动领域的不同而形成的言语特点的综合，习惯上把语体分为口语语体和书面语体两类。书面语体又可分出科技、公文、政论等语体。各类语体都有自己的遣词造句特征，如科技语体的特征是：采用逻辑思维的方法，词汇的核心是术语，广泛运用符号，句法严谨，句子成分扩展，语调缺少变化等。

3.1.4　语言变体

语言变体（language variety）是指随着使用时间、地点、环境及使用者的不同，会产生各种各样的变化，变化的结果就产生了语言变体。语言变体一般可分为以下三大类别：（1）时间变体，即语言在某个时间段所呈现的发展状况，如古英语、中古英语、古汉语、现代汉语等，都是以语言在某个时期呈现的特征为依据做出的相应划分。不同时期的语言，往往在语音、词汇、语法等方面存在着或多或少的差异；（2）地域变体，即语言在不同地域使用时所产生的变异，如汉语里有北京话、广东话、四川话等。不同的地域变体在语音、词汇乃至语法上也会有差异；（3）社会变体，即不同的社会层次、社会集团的人在运用语言时产生的差异，社会变体又可分为行话（jargon）、阶级习惯语（class dialect)、行业语（professionalism）、社会禁忌语（taboo）、黑话（argot）等。语言变体间的差异主要体现在语音和词汇上。

3.1.5　语境分析

语境指语言运用的具体环境。就书面语来说，小的语境与上下文的所指意义是相似的或相同的，大的语境则与背景的所指意义相近或相同。语境可分为情景语境、文化语境和语篇语境。

3.1.5.1　情景语境

情景语境是作品中事件发生的具体场景，诸如车站、医院、法庭等，这些语境对语义的影响也是至关重要的。有些词汇，在不同的情景语境下会有不同的解释，如mouse的所指意义是"老鼠"，但是在计算机教学的情景下，只能是"鼠标"的意思。而同一意思的词语在不同的情境下，使用的语体色彩也有所不同。在医院，医患之间的对话；在法庭，法官和当事人之间的对话；以及在车站告别时，亲朋之间的对话，使用的语言的方式、语气等都是不同的。

3.1.5.2 语篇语境

语篇语境是指文章前后出现的线索、照应等，帮助译者或读者理解文章中可能出现的歧义现象。如在希腊神话故事中，盗火者普罗米修斯临走前对他的兄弟说："Be very careful when I am gone. Be sure, above all, that you do not do anything to anger Zeus…"

其中，when I am gone可以有两种解释："死"或者"走"，此时根据下文中宙斯的命令：Go down to earth and capture Prometheus. Forge a metal chain and bind him to a rock and leave him there. He shall stay there forever, for he is an immortal and cannot die.我们得知，普罗米修斯是半人半神，是永生的英雄，那么"I am gone"的意思就很容易理解了。

此外，像He killed the man with a hammer和Visiting relatives could be very troublesome这样的结构歧义句，即便是正确的语法分析，仍然会出现两种意思，此时就需要通过上下文来排除不合语境的理解。

3.1.5.3 文化语境

文化语境是指语言所涉及的社会、文化、经济、宗教、习俗和政治背景。它可以分为两个方面，一是文化习俗，指人民群众在社会生活中世代传承、相沿成习的生活模式，是一个社会里的群众在语言、行为和心理上的集体习惯，对属于该集体的成员具有规范性和约束力。二是社会规范，指一个社会对言语交际活动做出的各种规定和限制。对词语的正确理解和翻译也不能脱离文化。如：

1. A dead leaf fell in Soapy's lap. That was <u>Jack Frost's card</u>.
2. Even before they were acquainted, he had admired Osborn in secret. Now he was his valet, his dog, his <u>man Friday</u>.

对上述两个句子中画线部分的理解，都需要文化语境的帮助，Jack Frost在英语文化中是冬天的代名词，Friday指的是《鲁滨逊漂流记》中鲁滨逊仆人的名字，后引申为忠实的人。再如：The wedding ring is worn on the third finger of the left hand. People believe that a vein from the third finger runs directly to the heart. 句中，the third finger不能简单地译成"第三指"。这里有一个不同文化的差异问题。汉语中的"第三指"是中指，而英语中大拇指称为 thumb，其余的四个手指才叫作finger，并依次排名为 first finger、second finger、third finger、fourth (or last) finger，所以在这个句子中，the third finger就是无名指。

3.1.6 逻辑分析

逻辑分析就是根据事物的逻辑规律对原文表达的事理做出判断，它常可帮助译者解决语言分析不易解决的问题。缺乏逻辑分析也会造成误解，如：On this circle the old man could see the fish's eye and the two grey sucking fish that swam around him. 这一次鱼打转儿的时候，老头儿看得见它的眼睛和跟在它身旁的灰色小乳鱼。译者误以为鲨鱼是哺乳的，且要跟着雄鱼哺乳，这是有悖常理的。sucking fish应为"鲫鱼"或"七鳃鳗鱼"。…a legacy the Professor had left to me, of inestimable value, which could not buy, with which we cannot part.这也是教授留给我的一份遗产。这份遗产价值连城，我们无法购买。一旦得到，便永远不能分开。说"购买遗产"，与遗产"不能分开"都是不合逻辑的。根据上下文，legacy指教授讲的昆虫学课程，全句应译为"这是教授留给我的一份无价之宝，它无法用金钱买到，可一旦得到它，便会终身受益。"The period of the pendulum is independent of the size of the swing.单摆的周期与摆的长度无关。这个译文与物理学关于单摆周期的公式（$T=2\pi\sqrt{\frac{l}{g}}$）是相悖的，swing应指"摆动角度"。

3.2　语　言　分　析

语言分析是对翻译对象进行语言上的分析，主要包括对原文的句式结构进行语法分析，对词类进行正确判断，明确文中的句法修辞。语言的结构性和语义性相互联系，互为依存。词义通常在其所处的语法结构中得以确认，语法结构需要语义结构的支撑才有意义，语义结构又依托于语法结构得以体现。从语义视角审视句法结构有助于改掉依赖语法分析进行翻译的习惯。认清语法和语义之间的关系才能灵活选择目的语表达形式来传达原文的语义内容，让行文通顺达意，准确而流畅。

3.2.1　语法分析

对于英汉笔译的初学者来说，对英语原文进行语法分析是正确理解原文的前提。语法包括词法和句法两部分。词法主要指词的构成、变化和分类规律，句法主要指短语和句子等语法单位的构成和变化规则。形态变化对英汉互译中的句子结构形式影响很大，其影响表现在以下四个方面：（1）谓语动词形态化受主语的限制；（2）格形态变化改变代词的语法范畴；（3）词类变化改变词在句中的位置及其句法功能；（4）动词词缀的变化体现时、体和语态这样的语法意义。其中，格形态变化和词类变化直接影响到短语和句子的结构方式。例如，动词在句中应充当谓语，但动词一旦名词化，就能充当主语和宾语。语法分析主要包括词类的判断、句类的判断、重要虚词的逻辑意义、语序变化的逻辑意义、指示代词的所指对象等。从句子结构来讲，要判断一个句子是简单句还是复合句，如果是简单句的话，要找到它的主谓。如果是复合句的话，要明确是什么关系的复合句，是并列关系还是主从关系，要找到其中的关键连词。一般来讲，并列关系的复合句，它的标志是and和but。而主从关系的复合句，则由各种逻辑连词连接主句和从句，如表示假设的if、表示结果的so、表示原因的because、表示让步的although等。一个英语句子是简单句还是复合句不是根据句子的长短来判断的。如：

In addition, English is the language of commerce and the second language of many countries which formerly had French or German in that position.

这个句子结构虽长，但是排除外位成分，句子主干就是主语+系动词+表语（SVA）结构，因此它本质上是一个简单句，看起来之所以复杂，是因为第二个表语的修饰成分较多，本身作为定语的many countries后面又跟了一个定语从句。撇开这些定语，对应的汉语结构是：英语是XXX和XXX。初步译文如下：

此外，英语还是贸易语言和许多国家的第二语言（这些国家之前的第二语言不是英语）。经过进一步的修饰和整理，最后译文如下：

此外，英语还是贸易语言并且取代法语和德语成为许多国家的第二语言。

同理，有时候很短的句子也未必就是简单句。如：

One can't think of Africa without thinking of Egypt, the cradle of an ancient civilization, nor of Egypt without the Nile.

在这个句子里，连接词nor后面其实是一个省略句，因为句子结构与前一个句子相似，所以省略了相同的句子成分，这是一个nor连接的并列句，按照汉语的并列句结构，该句译文如下：

一想到非洲就会想到古埃及文明的发源地，同样，一想到埃及就会想到尼罗河。

3.2.2 语义分析

词语是构成作品的基础材料，因此也是文本分析的一个重要环节。英语的词义大概可以分为三类，第一种是词语的所指意义（referential meaning），就是以语言所指的客观世界为基础的意义，在词典上体现为单词的前一个或几个义项。第二种是引申意义（associated meaning），这是由使用词语的人或社会文化因素引发的意义。引申意义主要根据语义搭配不同，同样的词，同样的词性，处在相同的语法结构里，其具体意义也会有所不同。但这些引申意义都离不开最初的所指意义。如下列句子中的chair：

To seat oneself in a wooden chair. （所指意义：椅子）
To accept a university chair. （引申意义：职位，教职）
To chair the board meeting. （作为动词，主持）
To condemned to the chair. （椅子—电椅—死刑）

第三种是结构意义，是指语言本身结构所产生的意义，与词本身的意义无关，如"I'm the luckiest son of a bitch in the world"句中的son of a bitch 是用来标志人物身份的一个语言标签（language tag），与实际意义无关。翻译时要根据句子的语用功能灵活处理。

3.2.3 句法修辞

结构层次的修辞格分析是句法修辞的一个重要内容。初学翻译者应掌握各种结构修辞格的基本形式。英语常见的结构层次修辞格有repetition，anaphora，catch-word repetition，chiasmus，parallelism，antithesis，rhetoric question，anastrophe，climax，anti-climax，aposiopesis等，汉语常用的结构修辞格有反复、顶真、排比、对偶、设问、倒装、层递、跳脱等。英汉两种语言间的同类结构修辞格，在效果上是相同或相近的。如：

Let us never negotiate out of fear, but let us never fear to negotiate.

这是一个用到chiasmus（交错配列）句式修辞的句子，简短有力，通过词语的重复，表达作者的强烈感情。汉译可以模仿该修辞，译为：让我们不因畏惧而谈判，而是要从不畏惧谈判。

练习三

一、分析下列句子，重点解决每句后所提的问题，最后试译成汉语。

1. That she was tall and straight in build, that she was ladylike in her movements, was all that could be learnt of her just now, her form being wrapped in a shawl folded in the old cornerwise fashion, and her head in a large kerchief, a protection not superfluous at this hour and place.

分析由that引导的两个从句是句子的什么成分？all后的that引导的从句是什么成分？her form being...部分具有什么语法意义，与句子的主干部分有何逻辑关系？a protection...与a shawl和 a large kerchief有关，或仅与kerchief有关？

2. Some earlier and fainter recollections the child had of a different country; and a town with tall white houses; and a ship. But these were quite indistinct in the boy's mind, as indeed the memory of Ealing soon became, at least of much that he suffered there.

如何理解第一个分号前的句子？a town和a ship受谁的支配？as引导的句子是原因、时间或是方式、比较状语？became后省略词语了吗？at least...部分如何理解？其中there指什么？

3. In fact, this scaffold constituted a portion of a penal machine, which now, for two or three generations past, has been merely historical and traditional among us, but was held, in the old time, to be as effectual an agent, in the promotion of good citizenship as ever was the guillotine among the terrorists of France.

which 引导的从句由哪两个主要部分构成，两部分间的关系如何？to be 至句末的两部分是用什么词语关联起来的？

二、分析原句结构，改正译文错误。

1. He walks Carole to the corner, sends his greetings to John, Kathy and their daughter.

他送卡罗尔到街口拐角处，请她向约翰、凯蒂和他们的女儿问好。

2. On the breast of her gown, in red cloth, appeared the letter A, and it was that scarlet letter which drew all eyes toward her.

在她那红布做成的衣服的胸部，有一个"A"字，正是这个红字把众人的目光都吸引过来了。

3. Green's themes are the battle between good and evil, corruption and betrayal and agonies of guilt.

格林作品的主题反映的是善与恶、腐化与背叛，以及因罪恶而导致的苦痛之间的斗争。

4. There have been opened up to the vast and excellent science, in which my work is the beginning, ways and means by which other minds more acute than mine will explore its remote corners.

那些广阔而美好的科学我已着手研究了,另外一些头脑敏锐的人将用种种手段探索其角落。

三、语篇翻译。

My mother couldn't stand me when I was little, and I couldn't stand her. Neither of us was what the other would have chosen for a life companion.

The mother I had in mind for myself was middle-aged with brown hair pulled back in a bun. She wore an apron, baked a lot, was serious and soft-spoken, and sang hymns. Before her marriage she had been a schoolteacher or librarian.

My real mother had quit school to go work and help out at home. She was 19 when I was born, a tall tomboy with flyaway blond hair on the wide shoulders, narrow hips and long legs of an athlete—which she was. In the grimmest circumstances my mother could always find a lot of fun, and she had a great shout of a laugh that exploded like firecrackers. An invalid neighbor often told me, "I love to hear your mother laugh." That neighbor lived two houses away. Other mothers called their children home in a shaky soprano. My mother put two fingers to her lips and produced a whistle that could be heard in the next street.

From *So You're Kate's Girl*, by Jeanmarie Coogan

第四章 翻译的基本方法与策略

4.1 翻译的基本方法

直译和意译是翻译史上很有代表性、概括性的两种翻译方法。由于人们对直译和意译的理解不同，认识不一，理论界有肯定这两种翻译方法的，也有肯定一方、否定另一方的，或两个都否定的。我们认为无论从描述翻译活动还是传授翻译技巧的角度看，直译和意译的提法都是很有意义的，只是在使用时应对其具体意义进行较明晰的界说。从语言转换角度来看，直译和意译是两种最基本的翻译方法，其目的都是忠实地表达原文的思想内容，再现原文的艺术效果。

4.1.1 直译（Literal Translation）

直译指在传达原文意思的同时，尽量保留原句的句式、结构、修辞、意象等外在形式，是一种较完美的翻译方法，也是翻译时的首选方法。直译以句子为翻译单位，即原句是一句，译文一般也应译为一句。换句话说，一般不把一个长句拆成若干个短句，同样，也不把句与句之间的界限打通，即把原文几个句子重新组织成另一个（或一个以上的）综合性句子。原因就是：外语由于它的形态变化和结构特点，经常出现长句和大句。这类句子在严肃的作者笔下是一个严密的逻辑整体，绝不是兴之所至，信手写成。拆成短句、小句之后，往往破坏了原文严密的逻辑性，也就是不"信"。一般情况下，采用直译法处理词汇翻译，不采用转译的译法。因为转译有点像传话，一传再传就走了样。在以上两个基本前提之下，直译可允许改动词序，改动句子内部各个成分的次序，也允许改动主句与从句（副句）的次序，同样允许改变词类（如名词译成动词或动词译成名词）。最后，这样直译的效果必须确保译文是通顺流畅且忠实于原文的。

对于直译，许多人一直存在一个偏见，有广泛的误解，即把一切晦涩难懂、诘屈聱牙的翻译都归咎为"直译"。对有些照搬原文句子结构和词序，不顾句子中各个成分的内在逻辑关系，或者一个句子在上下文中所产生的内在意义，死搬硬套表面的形式，使读者读完一句或数句之后，仍然不知所云。这当然不是我们所说的"直译"，而是"硬译""死译"。如：My words failed me. 我的语言失败了我。这就是典型的硬译，逐字对译。对主语稍加调整，译成：我说不出话来。显然要通顺得多，但是并未改变原句的结构。再如：Let life be beautiful like summer flowers; death like autumn leaves. 这句话的知名译文"让生如夏花之绚烂，死如秋叶之静美"也是很成功的直译典范。

直译的优点主要体现在两方面，一是直译更能做到准确（信）。直译使译文在形式上同原文更为接近,尽量保留了原文的语言特色和原作者特殊的表达方式。严复翻译 Huxley(赫胥黎)的 *Evolution and Ethics and Other Essays*(《天演论》)时,他在方法上用的是打通句与句之间的界限,然后根据句子的大意,重新组织句子(综合性句子)。译文中满是辞藻华丽且对仗工整的骈体文;我国的翻译家朱生豪用散文体来翻译莎士比亚的素体诗歌,他们的译文虽然在内容上并没有偏离原文,但是毕竟改变了原文的形式,忽略语言形式的结果会直接影响译文的准确性。所以,在读者不能直接阅读原文的情况下,直译的方式可以帮助读者更好地了解原文的表达形式和艺术内涵。二是直译可以丰富汉语的句式和语义表达。汉语由于没有严格意义的形态变化,因而造短句易,造长句难,造特长的句子更难。原因很简单:句子一长,前后词语的结构关系、来龙去脉和互相呼应的线索,由于得不到形态变化这个有形外壳的支持,很容易语无伦次,要确定这个词语与哪个词语发生关系就有困难。因此,几十个字一句,几百多个字一句的汉语往往给人一种"剪不断,理还乱"的感觉,总之,阅读体验欠佳。可是现代汉语同古汉语比起来,更善于运用长句,客观上出现了许多读起来完全符合汉语规范要求的长句,这主要得力于翻译,尤其是得力于直译法的翻译,汉语的句法结构和表达形式得以丰富。

4.1.2 意译(Liberal/Free Translation)

直译并不能解决所有的翻译问题,有的时候,内容和形式不能共存,必须舍弃一方,此时,为了保证意义的准确表达,可以舍去形式,即原文中的结构、意象、句式、修辞等,或者对原作的句子结构进行较大的变化或调整,这种另觅同义等效的翻译方法就是意译。意译是对直译的有效补充。每个国家和民族都有其自身的思维方式和行习惯,当原文的思想与译文的表达方式有矛盾且不宜采用直译法处理时,就应采用意译法。如:John killed himself yesterday when he received a dear John letter and a pink slip.昨天约翰收到了一封绝交信和一份解雇通知后就自杀了。在英语里,a dear John letter已经成为"绝交信"的代名词,而 pink slip是"解雇通知书"的代名词。如果直译为"昨天约翰收到一封约翰的信和一张粉色的字条后就自杀了",不了解文化含义的读者只能按字面意义理解译文,这样的译文表现不出原文的因果逻辑关系,读起来令人不知所云。采用意译法可以避免误导读者,也降低了译文的理解难度。

这里需要强调一点,虽然就形式而言,意译的文本同原文往往有很大出入,但这并不意味着译者可以脱离原作,随心所欲,率尔为之,意译的方法仍应以原作为根本的出发点,以再现原作的艺术意境为最后归依,否则就不是意译了,而是自由译、乱译了。所以在采用意译法时,要把握好"度"的问题,在意译时不可过分阐释,或是随意加入译者自身的思想。

直译和意译作为两种最基本的翻译方法,适用于不同的翻译目的、读者类型、文本性质和作者意图等,因而各有其优势和价值,但同时也都有其局限性和问题。直译和意译并非互相排斥,非彼即此,而是可以并行不悖,相辅相成的。脱离具体语境来探讨直译和意译孰优孰劣、孰是孰非的做法是片面、武断的,因而是不足取的。

4.2 翻译的基本策略

每个译者都有自己的文化背景，翻译不仅仅是跨语言的活动，还是跨文化的交际活动，作为译者，在翻译活动中，原则上应该处于客观和中立的地位，但是，在实践中，这是不可能的，因为每个译者在翻译时都会有自己的文化立场，要么贴近源语文化和源语读者，要么贴近译入语文化和译入语读者，这实际上体现了作为译者的文化策略选择，即大家所熟知的归化和异化。

4.2.1 归化（Domestication）

以目的语（target language）语言、文化为归宿，译文中的语言、文化采用目的语习惯表达方式的翻译策略就是归化。在归化的翻译策略下，译者更贴近译入语读者，考虑到译入语读者的接受程度，译文通常会用一些更有利于读者接受和理解的方式表达，具有浓烈的本土气息。如我国的早期文学翻译，基本上采用的都是归化的策略，美国小说 Gone with the Wind 最开始的翻译是《乱世佳人》，短短四个字高度概括了小说的内容，在小说中，地名 Atlantic 被译成"饿狼屯"这样一个带有明显中国地域特色的地名，人物的名字也按照中国的姓氏原则，主人公成了姓郝名思佳的丽人，还有"白瑞德""卫希里"，这都是典型的中国的姓名格式。另外，文中的"Christian name"在翻译的时候也消解了基督教的意味而变成中国人都熟知的"小名儿"。"Oh, my God!"不是现在常见的"哦，我的上帝啊"，而是中国老百姓耳熟能详的"哦，我的天啊！"这些译文让我国的读者读起来很熟悉，仿佛读源语作品一样。英国翻译家霍克斯在翻译《红楼梦》时，为了减少英语读者的阅读障碍，凡是涉及中国文化较复杂的地方，他都做了归化处理，为读者的阅读扫清了文化障碍。最典型的是对一些文化色彩较浓的颜色词的处理，书名变成了 The Story of the Stone（《石头记》），"怡红院"变成了"House of Green Delight"（怡绿院）。

由于文化差异的影响，中西方对同一事物所持的感情色彩也不尽相同。例如，猫在中国是受欢迎的，许多商店里会摆上"招财猫"，寓意"招财进宝"，其语义色彩是褒义的。在西方文化中，猫则是不祥的代表，尤其在"黑色星期五"遇见一只黑色的猫，则是要倒大霉了。中世纪时，欧洲基督教徒认定猫是魔鬼附身的动物，因此杀死了大量的猫。不料，失去了猫之后，老鼠就猖獗起来了，导致严重的"黑死病"横扫欧洲大陆。因此流传下一句谚语：When the cat is away, the mice will play. 没有猫，老鼠就会肆意妄为。如果按照归化策略，可以改变此文化意象，选用中国读者更熟悉的"山中无老虎，猴子称大王"。

随着世界文化交流日渐频繁，不同民族之间的文化差异在缩小，或者说不同文化在互相借鉴，互相学习，因而，归化策略的使用日渐式微。因为翻译的作用就是要从外来文化中引进新的想法，而新的想法必须靠新的语言表达，如果一味用熟悉的语句来替换陌生的文化概念，则只能永远在旧的思维里打转。我国的翻译家余光中也认为译者不必为读者想得太周到，他说："事实上，今天的读者即使不懂英文，也不至于完全不解'西俗'或'洋务'，无须译者把译文嚼得那么烂去喂他。"

当然，采用归化策略时，要避免走极端、不要用目的语民族文化色彩太浓的词（如历史人物、地理名词等）来归化源语的习语，否则译文会让人感觉不伦不类，产生错误的文化想象。例如，Beauty lies in lover's eyes（情人眼里出美人）就不宜把中国古代美女西施搬到西方作品中去，归化为具有浓厚汉语文化色彩的"情人眼里出西施"。Many heads are better than one（一人不及众人计）也不宜把历史人物诸葛亮搬到西方作品中去，化为具有浓厚汉语文化色彩的"三个臭皮匠，顶个诸葛亮"。李白的《金陵酒肆留别》中有一句"吴姬压酒劝客尝"，英国翻译家翟理斯将此句译为 While Phyllis with bumpers would fain cheer us up. "吴姬"原本指江南一带的女孩子，在李白的诗中指代金陵酒馆里的女侍者，而 Phyllis（菲丽丝）是古希腊和欧洲文艺复兴时期的田园诗或牧歌中常见的牧女或恋人的名字。用Phyllis来替代中国唐朝时候金陵酒肆里的女者，中国读者自然无法接受，就算是西方读者也会感觉十分突兀，诧异中国古典文化中怎么也有 Phyllis这样的人物。

4.2.2 异化（Foreignization）

以源语言（source language）、文化为归宿，译文中保存源语文化的异国情调的翻译策略就是异化。异化使译文更忠实于原文，丰富译入语文化，更好地再现源语文化。异化策略要求尽可能最大程度地保留原文的原汁原味，译文在读者眼里充满异域色彩，读起来"洋里洋气"。鲁迅先生就特别强调译文要"保留原文的风姿"。如英语"as thin as six o'clock"这个形象的比喻，在汉语中很少出现，但是汉语读者理解起来难度并不大，只要想象一下6点钟在表盘上的形象就可完全会意。"瘦得像六点钟"显然要比"骨瘦如柴"更具表现力和幽默感。从促进世界文化交流的角度来说，应着力于全面、完整地向目的语读者介绍源语的全部意蕴，包括文化。异化的翻译无疑在文化交流方面起了巨大的作用。现代汉语里有许多新鲜生动的表达就是源于异化的翻译，比如，"吻别"（farewell kiss）"象牙塔"（an ivory tower）"条条道路通罗马"（All roads lead to Rome）等，不一而足。

特别要强调的是，在汉译英中尤其要树立这种文化意识。积极创造条件，弘扬中华文化，帮助英语读者扩大和加深对中华文化的了解。翻译家杨宪益、戴乃迭合作翻译的《红楼梦》（Dreams of Red Mentions）就是一个典型的例子，在这部译作中，译者本着异化的翻译策略，将中国的传统文化如色彩含义、古诗词隐喻、中医、楹联、建筑等知识采用直译加注释的方法做了全面的介绍。

当然，在文化翻译中，如果过分强调采用异化的翻译原则，也会影响文化内涵的传递。归化和异化是对立统一、相辅相成的。绝对的归化和绝对的异化都是不存在的。译文既不可能是纯粹的异化语言，也不可能是纯粹的归化语言。异化与归化各有其长，亦各有其短，但二者并不矛盾，而是互为补充的。译者可以根据不同的文本需求、不同的读者对象以及不同的翻译目的来加以选择；同时，应避免过度归化和过度异化所带来的弊端，在两者之间达到某种平衡，至于在译文中必须保留哪些源语文化，怎样保留，哪些源语文化的因素又必须做出调整以适应目的语文化，都可在对作者意图、翻译目的、文本类型和读者对象等因素分析的基础上做出选择，这样才能译出既体现原作风貌，又为读者所接受的译文来。

练习四

一、阅读以下案例并思考：讲好中国故事，需要我们在汉译外的过程中采取什么翻译策略？为什么？汉译外的工作应该由谁来（国内的翻译家还是国外的汉学家）做更好，为什么？

案例一

一位在英国华威大学（University of Warwick）读博士的中国留学生曾做过一个试验，她找了一首汉语唐诗的五个英译版本，其中有四个版本是中国译者译的，另外一个版本是美国诗人埃兹拉·庞德译的，把它们隐去译者后拿给英国的学生品读，然后让他们选择一个他们认为是最好的版本，出乎她意料的是，这些英国学生不约而同地选择了庞德的英译版本。当询问到原因时，回答是庞德的英译版本易读、易懂。

案例二

英国汉学家阿瑟·韦利的译作被读者认为是"能够轻而易举地把原文翻译成流畅又地道的英文，让人看了几页就忘了自己是在看译作"。他成为中国文学打开欧洲市场的第一人。然而，这种通顺流畅的翻译招致了另外一些学者的攻击。如美国翻译家葛浩文就曾经撰写了 *Why I Hate Arthur Waley* 的文章对韦利进行批评，说他一味讨好英文读者，使文章失去了中国味。

案例三

以下为我国著名的翻译家许渊冲先生的访谈记录原文：

中国诗只有中国人才能译好，这是徐志摩说的，我也高度认同。中国文字和西方各国文字差别太大，西方人很难理解中国诗词；即使理解了，要用外国文字表达也不容易，因为西方拼音文字只有意美和音美，中国象形文字却不仅有意美、音美，而且有形美。要用"二美"的西方文字来翻译具有"三美"的中国诗词，做到达意就不错了，想要传情是难上加难。所以，很少有外国人能将中国诗词翻译好，就是中国人也不一定翻得好，即便对中国传统文化懂得越多也未必能翻好，包括我自己也有翻译得不好的地方。很少有译本能做到绝对准确，即使做到了，也未必是好译本。

另外，中国的语言文化博大精深，内涵和外延极为丰富，就连不少中国人都未必能读懂弄通，更何况外国人。比如在唐诗、宋词、元曲中，我们可以看到"兴观群怨"的丰富内容；以唐诗而论，李白的浪漫主义诗篇中有天人合一的情景交流，杜甫的现实主义诗篇中有对战乱时代的反映，白居易的通俗易懂诗篇中有对世风的批评，李商隐的象征主义诗篇中有心灵的呼声；以宋词而论，则有抒情缠绵悱恻的柳永、以理化情的苏轼、语浅情深的李清照、愤世嫉俗的辛弃疾。对于这些本民族文化的文学性和深层意涵，中国人显然比外国人更能理解和表达。外国译者对中国诗词文化理解不深，不知道中国古人的生活习惯和思想感情，往往只能一知半解。以美国汉学家宇文所安为例，他把杜甫《江汉》"古来存老马，不必取长途"中的"老马识途"误解为一个年老的官员；又如李白《月下独酌》中的"行乐须及春"是春天要及时行乐的意思，他却译成"This joy I find will surely last till spring."译文的大意是：我发现的这种快乐一定会延长到春天。连这些常见的中文都翻译错了，可见对字句的误读和诗意的曲解之深。另外，中国诗词有很多引申义和双关语，外国译者很难领悟其中的含蓄美、指涉义和象征性。拿李商隐的名句"春蚕到死丝方尽"来说，这里的"丝"和"思"是谐音，既指蚕丝又指相思，有相思到死之意。英国汉学家葛瑞汉在他的《晚唐诗选》中译为"Spring's silkworms wind till death their heart's threads."意思是说：春蚕一直到死都在把它们心里的丝卷绕起来。这个译文只加了一个"心"字，更重要的是诗人相思却一点也看不出来，这就是差之毫厘，失之千里了。再看我们中国人的英译：The spring silkworm till death spins silk from lovesick heart.文中加了"lovesick（相思）"一词，读者就能联想到：诗人是把春蚕拟人化，比作诗人自己，春蚕吐丝就像诗人的相思，都要到死方休，这种译法就有效解决了双关语的难题。更难的是《无题四首》中的"金蟾啮锁烧香入，玉虎牵丝汲井回"。"金蟾"字面上是"金蛤蟆"，实际上指门上的金锁；"玉虎"字面上是"玉老虎"，实际上指井架上的装饰品。烧"香"和牵"丝"用谐音暗示诗人还相思债、赴情人的约会去了。但葛瑞汉英译的大致意思是：一只金蛤蟆咬着锁，开锁烧香吧；一只玉虎拉着井绳，打上井水逃走吧。翻译得令人可笑。《葬花吟》是曹雪芹极尽笔工的佳篇力作，"花谢花飞花满天，红消香断有谁怜？游丝软系飘春榭，落絮轻沾扑绣帘"，寄情于景，表达了对美好事物逝去的喟叹，文中"游丝"和"落絮"为谐音双关，暗指游思、落绪，隐含着黛玉无依无靠、感伤失落、凄凉无助的思绪。这是"兴"的隐形运用，类似"杨柳依依"中"柳（留）"的用法。但外国译者都忠实地译出了原诗的能指，译文却丢失了原意，译出的是物象而非艺术家眼中的意象，更没有传达出原诗凄美动人、惆怅缠绵的情愫。

可见，英国、美国的汉学家无论中文有多棒，都不能很好地把中国古诗词译成外文。因为他们只知道中西语言的统一面，而不知道矛盾面、复杂面，不能很好地解决译文和原文的言外之意、象外之旨，故对中国传统文化在理解和感受上存在误读和偏差。若理解只有百分之五十，即使表达能力是百分之百，翻译的结果也只能得五十分；而中国译者不但理解母语更深，在外语的表达能力上并不在英美译者之下，如果理解诗词有八九分，甚至十分，那翻译的结果就可以达到九十分，甚至是一百分，远远高于西方译者。翻译中国诗词需要传情达意，达意是低标准，传情是高标准，这些外国译者的译文不仅没有传情，达意也嫌不足。所以外国人在翻译中国诗词上往往不及格，中国文化走出去还要靠中国译者。

二、《红楼梦》作为中国四大古典文学名著之一，以其丰厚的传统文化内涵而著称于世。杨宪益、戴乃迭夫妇在翻译《红楼梦》时主要遵循的是异化的原则，力图在英语中保留中国文化的元素；英国翻译家大卫·霍克斯则采取了归化的策略来处理原作中的文化因素。请比较下列译文，并谈一谈两种译文的各自优劣是什么，你更喜欢哪种译文，以及哪种译文更易被国外读者所接受（译文1的译者是杨宪益、戴乃迭，译文2的译者是大卫·霍克斯）。

1）世人都晓神仙好。

译文1：All men love to be immortals.

译文2：Men all know that salvation should be won.

2）巧媳妇做不出没米的粥。

译文1：Even the cleverest housewife can't cook a meal without rice.

译文2：Even the cleverest housewife can't make bread without flour.

3）更有一种风月笔墨，其淫污秽臭，屠毒笔墨，坏人子弟，又不可胜数。

译文1：Even worse are those writers of the breeze-and-moonlight school, who corrupt the young with pornography and filth.

译文2：Still worse is the"erotic novel" by whose filthy obscenities our young folk are all too easily corrupted.

三、语篇翻译。

MUSIC HATH HARMS

Medical critics of deafeningly loud music tend to focus their attacks on youth with a penchant for rock'n'roll. Now ear specialist Dr. Alf Axelsson and research engineer Fredrik Lindgren report in Working Environment 1982 that even Beethoven can do damage. Employed by the department of audiology and occupational medicine at Sahlgrenska Hospital, Gothenburg, Sweden, the pair noted that half of the classical concerts they monitored in Gothenburg's Concert Hall and Lyric Theatre exceeded 85 decibels, the hearing-damage level for eight-hour workplace exposure. The 139 orchestral musicians the researchers studied performed roughly 40 hours each week, including practice sessions, and 59 of them exhibited hearing losses worse than expected for their age.

From *Science News*

Success and Marriage

Success in marriage and in businesses go hand in hand, finds Prof. John E. Tropman of the University of Michigan. He measured the advancement of 6000 American males, aged 45 to 54. Those who had progressed the furthest were who remained married or had remarried. "The stereotype of the hard-driving, ambitious breadwinner who works long hours and accepts new responsibilities at the expense of his duties to his family may not be wholly accurate," Professor Tropman says. "It may not be the career which jeopardizes the marriage, but the marital status, if disrupted, which hampers the career."

The idea that advancement causes stress may have been warranted in the past, Professor Tropman adds. But in today's society mobility is becoming the norm, and it may be lack of advancement which causes disruption in a marriage, rather than advancement.

From *Science Digest*

第五章 翻译的技巧

学界公认的翻译的基本方法有两种：直译和意译。但是在基本方法的指导下，每个译者都有自己在长期实践过程中积累的技巧，而且根据文本类型、翻译风格和翻译的主客体的不同，技巧也是千变万化的。本章主要介绍几种常用的翻译技巧。

5.1 增 词 法

5.1.1 什么是增词法

增词法是指在翻译过程中，根据意义、修辞、句法的需要添加一些字、词或短语来更忠实、通顺地表达原文。这些词并非无中生有，而是增加原文中虽无其词但有其意的词，所以是"增词不增意"。

5.1.2 增词法的适用范围

增词法的适用范围大致可分为两类情况，一是使原文的意义表达正确、清晰、无异议；二是使译文语言更符合英语读者的阅读习惯，译文更地道。例如，He knows about all the presidents in history, since he is a presidential historian. 句中的修饰词presidential，词典里的意义基本上都是"总统的"或者"有关总统的"。如果翻译成"他知道历史上所有的总统，因为他是总统的历史学家"。这个译文就存在表达不清晰的问题，会给读者带来困惑。他是总统专有的历史学家？还是总统兼历史学家？结合上文，要想把意思表达清晰，我们只需添加几个词即可：他是专门研究总统的历史学家。

第二种增词的情况是指译文不增词也完全不会影响原文意义的传达，但是通过增加一些逻辑连词，就可以使译文有更好的表达效果。如：

They are good questions, because they call for thought-provoking answers。

译文1：它们是好的问题，因为它们需要激发思想的回答。

译文2：这些问题问得好，要回答就要好好动脑筋。

译文2把名词变为动词并添加"要……就"结构，表达非常连贯通顺，符合汉语表达习惯。再如：The prisoners of war are allowed to write censored letter.

译文1：战俘允许写受过检查的信。

译文2：战俘们可以写信，但信件要受到检查。

译文2增加转折连词"但"，前后两个意义逻辑更加清晰，两个译文高下立判。

5.1.3 特定情况下的增词法

在英译汉的过程中，有些情况是必须要用增词法的。汉语喜欢用具体意象表达抽象概念，因此当翻译英语中的抽象名词时，我们需要通过增加一些上义词使之具体化。如：wilderness可以根据语境具体为荒山野岭、荒漠、僻海荒岛、落后地区、蒙昧状态等。persuasion可以具体为说服工作，madness译为疯狂行为，tension译为紧张局势等。

还有一种情况也是针对英语的特殊表达。因为英语里的副词是实词，很多副词是有实际意义的，这类副词通常放在句首用来驾驭整个句子，但是有时候，这类副词和普通的程度副词一样紧随动词，很容易被误认为程度副词"……地"，造成译文含糊不清。通过增词法将副词拓展成汉语译文中的短语或小句，就可解决这个问题。如：This is a China matter and any comment on it should appropriately come from China.

仔细分析，画线副词并非修饰come，而是修饰any comment on it should come from China这件事。因此译文应该是"这是中国的问题，任何评论只有出自中国才是恰当的。"再看几个例子：

1. The second child she dreamed of might now be medically impossible.
她本来还想要一个孩子，但从医学角度来看，现在是不可能了。
2. Only 18 percent are officially unemployed.
据官方统计，只有百分之十八的人是失业者。
3. The dining-room was inconveniently crowded.
餐厅非常拥挤，让人感到不舒服。

5.2 减 词 法

5.2.1 什么是减词法

减词法是指原文中有些词在译文中不用翻译出来，因为译文中虽有其词但无其意，或者在译文中是不言而喻的。减词法减去的是一些可有可无的词，或者是出现在句子里反嫌累赘、违背译文语言习惯的词，并不是把原文的思想内容删去，也即"减词不减意"。

5.2.2 减词法的适用范围

在英译汉过程中经常省略不译的词主要包括冠词、介词、代词、连词等主要起语法作用的词类。

5.2.2.1 省略代词

汉语的语篇衔接习惯是如果前句出现一个主语，后句仍是同一主语时，该主语可以省略。英语中通常每个句子都有主语，在英译汉时，通常会省略重复出现的主语。英语中人称代词作主语时，往往也会多次出现，这种人称代词在汉译时就可以省略。作主语的泛指人称代词，以及英语中的物主代词在汉译时也可以省去不译。如：He is not well today, but he still comes to class. 他不舒服，但还是来上学了。

5.2.2.2 省略连词

汉语是意合的语言，上下文之间常常暗含逻辑衔接，或者通过词的次序来表示，而英语则不然，小句之间的关系必须通过连词来体现，因此将形合的英语译成意合的汉语时，可以省去连词。如：If you don't go there tomorrow, they will get angry. 你明天不去，他们会生气的。

5.2.3 特定情况下的减词法

从修辞角度来分析，省略原句中一些次要的或重复的部分，可以使译文简洁明了，文笔流畅自然，从而更加突出原句的主要部分，这正是减词法的精益所在。对英语句子中重复出现的短语，汉译时可视情况进行适当的省略。如：

1. These who have working experience will receive preference over those who have not.
有工作经验的人优先录取。
2. Not only he looked down upon me, but some other students looked down upon me.
看不起我的不仅仅是他，还有一些其他同学。

根据汉语情况，译文中可以省略一些可有可无的词。如：

People tested positive for coronavirus must be separated from the well lest the virus should spread from person to person.
新冠病毒检测呈阳性的人必须与健康的人隔开，以免疾病传播。（省略不译 from person to person）

Could you help me in any way? 你能帮帮我吗？（省略不译 in any way）

翻译中的增补和省略现象很多，涉及面广，这是因为翻译的原则是语言服从思想，形式服从内容，译文一方面不能不顾原文随意加词解释，另一方面也不能离开内容任意删减。译文的必要增补和删减都必须遵循语言的运用规律，这样才能达到准确、忠实地表达原文含义和精神的目的。翻译中的增补与省略常常出现在译者推敲译文或校正译文的过程中，正所谓"善删者字去而意留，善敷者辞殊而意显"。可见这类调整与译者的母语语感有很大关系，从本质上说这是一个译文的可读性问题，其关键在于求得译文与原文在深层结构上的对应，而不求双语在词语形式上的对等。

5.3 转 类 法

在英译汉的过程中，有些句子可以逐词对译，有些句子则由于英汉两种语言的表达方式不同，就不能用"一个萝卜一个坑"的方法来逐词对译了。原文中有些词在译文中需要转换词类，才能使译文通顺自然。词类转译的情况归纳起来有以下四种。

5.3.1 转译成动词

英语和汉语比较起来，汉语中动词用得比较多，这是一个特点。英语句子中往往只有一个谓语动词，汉语句子中却可以几个动词或动词性结构连用。例如，在 He admires the President's stated decision to fight for the job（他对总统声明为保住其职位而决心奋斗表示钦佩）中，英语的谓语动词只有admires一个词，其他用的是过去分词（stated）、动词派生名词（decision）、不定式（to fight）和前置词（for）等。汉语没有词形变化，但可以几个动词连用。因此，英语中不少词类（尤其是名词、前置词、形容词、副词）在汉译时往往可以转译成动词。

英语中大量由动词派生的名词和具有动作意义的名词及其他名词往往可转译成汉语动词。如：

1. Rockets have found application for the exploration of the universe.
火箭已经用来探索宇宙。

2. The sight and sound of our jet planes filled me with special longing.
看到我们的喷气式飞机，听见隆隆的飞机声，令我特别神往。

3. I am afraid I can't teach you swimming. I think my brother is a better teacher than I.
我恐怕教不了你游泳，我的兄弟比我教得好。

4. The next news bulletin, shorter than usual, made no mention of the demonstration.
下一个新闻节目比通常短，没有提到游行。

英语中前置词是用得相当多的，其中有些没有动作意味而仅表示时间、地点的前置词，汉译时往往可以省略；但有许多含有动作意味的前置词，如 across, past, toward等，汉译时往往可以译成动词。

1. Party officials worked long hours on meager food, in cold caves, by dim lamps.
党的干部吃简陋的饭食，住寒冷的窑洞，靠着微弱的灯光，长时间地工作。

2. "Coming!" Away she skimmed over the lawn, up the path, up the steps, across the veranda, and into the porch
"来啦！"她转身蹦着跳着跑了，越过草地，跑上小径，跨上台阶，穿过凉台，进了门廊。

英语中表示知觉、情感、欲望等心理状态的形容词，在系动词后作表语时，往往可转译成汉语动词。常见的这类形容词有confident, certain, careful, cautious, angry, sure, ignorant, afraid, doubtful, aware, concerned, glad, delighted, sorry, ashamed, thankful, anxious, grateful等。如：Doctors have said that they are not sure they can save his life.医生们说他们不敢肯定能救得了他的命。此外，副词也常常被转换成动词，如：That day he was up before sunrise. 那天他在日出前就起来了。She opened the window to let fresh air in.她把窗子打开，让新鲜空气进来。

5.3.2 转译成名词

英语中很多由名词派生的动词,以及由名词转译的动词,在汉语中往往不易找到相应的动词,这时可将其转译成汉语名词。如:

1. Formality has always characterized their relationship.

他们之间的关系,有一个<u>特点</u>,就是以礼相待。

2. Most U.S. spy satellites are designed to burn up in the earth's atmosphere after completing their missions.

绝大多数美国侦察卫星,按其<u>设计</u>,是在完成使命后在大气层中焚毁的。

有些英语被动句中的动词,可以译成"受到+名词""予(加)以+名词"这类结构。如:

1. Snow was treated very shabbily by the U. S. press and officialdom during this period, victimized for his views.

在这期间,斯诺受到了美国新闻界和政界极不公正的对待,由于他的观点,他受到了迫害。

2. Throw a tennis ball on the floor. The ball bounces back. In the same way, when light falls on certain things it bounces back. When this happens, the light is said to be reflected.

将网球扔到地板上,球会弹回来。同样,光照到某些物体上时也会弹回来。这种情况叫作光受到反射。

英语中有些形容词加上定冠词表示某一类的人,汉译时常常译成名词。此外,根据情况,还有些形容词也可以译成名词。如:

1. They did their best to help the sick and the wounded.

他们尽了最大的努力帮助<u>病号</u>和<u>伤员</u>。

2. Stevenson was eloquent and elegant but soft.

史蒂文森有<u>口才</u>,有<u>风度</u>,但很软弱。

5.3.3 转译成形容词

词类转译中,转译成动词较之转译成名词更为常见。除此之外,还有转译成形容词或其他词类的,虽不如上述两者那么常见,但仍不失为一种翻译技巧,而且是有一定规律可循的。形容词派生的名词往往可以转译成形容词,如:

1. The pallor of her face indicated clearly how she was feeling at the moment.

她<u>苍白的</u>脸色清楚地表明了她那时的情绪。

2. He talked for some time with Bundy, and his questions reflected the enormity of his doubts.

他同邦迪谈了一会,他提出的问题反映出他有<u>很大的</u>怀疑。

有些名词加不定冠词作表语时,往往可以转译成形容词。如:

1. The blockade was a success.

封锁很成功。

2. As he is a perfect stranger in the city, I hope you will give him the necessary help.

他对这城市完全陌生,所以我希望你能给他必要的帮助。

3. Independent thinking is an absolute necessity in study.

独立思考对学习是绝对必需的。

5.3.4 其他词类转译

英语名词译成汉语动词时,修饰该名词的形容词往往要相应地转译成汉语副词。如:

Occasionally a drizzle came down, and the intermittent flashes of lightning made us turn apprehensive glances toward Zero.

偶尔下一点毛毛雨,断断续续的闪电使得我们不时忧虑地朝着零区方向望去。

英语动词译成汉语名词时,修饰该动词的副词往往转译成汉语形容词。如:

The President had prepared meticulously for his journey.

总统为这次出访作了十分周密的准备。

名词和副词之间也可以转译。如:

1. When he catches a glimpse of a potential antagonist, his instinct is to win him over with charm and humor.

只要一发现有可能反对他的人,他就本能地要用他的能力和风趣将这人争取过来。

2. He is physically weak but mentally sound.

他的体质虽然欠佳,智力却很健康。

英汉两种语言均有一个共同的特点:表达某些概念既可运用概略化的手法,也可采用具体化的方式。但就某一概念的表达而言,英语可能采用概略化的表达方式,而汉语却采用具体化的表达方式;或英语采用具体化的表达方式,而汉语采用概略化的表达方式。因此,翻译时有必要将英语具体化的表达方式转换成汉语概略化的表达方式,或是将英语概略化的表达方式转换成汉语具体化的表达方式,使译文既不违背原意又能畅达可读。

5.4 概 略 化

概略化(generalization)是指采用虚化的方式来翻译原文较为具体化的表达方式。英语中常出现一些字面意义比较明确、具体、实在或形象的词句,但从上下文所表述的精神实质来看,作者的真正意图有时并不强调这些词句所表示的具体事物或概念,而是着意于一些概括性的、泛指的或一般性的事理。譬如用deadlock(打不开的锁)来指"僵局",用circulation desk(流通桌子)来指"借阅处"。在这种情况下,译者可以放弃字面意义,从汉语中选择含义抽象、概括或笼统的词语加以表达。这种概略化的技巧更加符合事理的逻辑和汉语的表意习惯,更能给读者一个完整的印象。一般来说,概略化的译法可分为以下两种情况。

5.4.1 具体词义概略化

原文中某些字面意义明确具体的词语，采用汉语中含义抽象、概括的词语来表达。例如：

1. The United States is often depicted as a nation that has been devouring the world's mineral resources.

人们常把美国说成是一个挥霍世界矿物资源的国家。（devour原意为"吞食"）

2. A single thermonuclear bomb today has the destructive force of all the bombs and other explosives of World War II.

今天，一枚热核弹头的杀伤力就相当于第二次世界大战中全部炮火的总和。（bomb和explosive的原意分别为"炸弹"和"炸药"）

3. Monday-morning quarterbacking about Israel's lack of preparedness for the October war plunged the country into a new political crisis last week.

人们在事后指责以色列在十月战争中缺乏准备。上周，这种指责将以色列推入了一场新的政治危机。（Monday-morning quarterbacking如用具体化处理就是"星期一上午的四分卫"）

4. For generations coal and oil have been regarded as the chief energy sources used to transport men form place to place.

几十年来，煤和石油一直被认为是交通运输的重要能源。（transport...place概略化译出）

5.4.2 具体概念概略化

将原文中某些字面意义比较实在或形象的表达用汉语中比较概括或笼统的说法译出来。例如：

1. In the modern world salt has many uses beyond the dining table.

在现代世界上，盐除了供食用，还有许多其他用途。（dining table原意为"饭桌"）

2. Pregnant women and women breast-feeding their children may need vitamins.

孕妇和哺乳期的妇女可能需要维生素。（breast...children原意为"给自己的孩子喂奶"）

3. The scene is a dramatic reenactment of one among thousands of spontaneous that led up to the revolution.

这个非同寻常的事件，只不过是最终导致革命的千万个自发行动之一。（dramatic reenactment如具体化翻译就是"戏剧的再现"）

4. Don't worry about it, for the project is on the fire.

别担心，他们正在审议这个计划呢。（on the fire 原意为"在火上烤"）

5.5 具 体 化

具体化（specification）是指采用明确具体的方式来翻译原文中较为概略化的表达。英语原文中有不少词语乃至整个句子的字面意义非常抽象、笼统、概括和空泛，如对等译成汉语，不但译文难以表达出原作者的真正意图，而且译文语义也会含糊不清，很难给读者一个准确的概念。遇到这种情况时，译者需要根据具体的语言环境和上下文的事理联系，把这些字面意义捉摸不定的词句用汉语里含意明确且具体的词句加以表达，使原文比较抽象的表达方式变得比较实在，比较空泛的变得比较具体，比较笼统的变得比较明确。具体化翻译涉及的范围较广，大致可分为以下两种情况。

5.5.1 抽象概念具体化

英语中经常使用一些含义抽象的词句，但从上下文的逻辑来看，作者的本意是在表达具体概念，因此翻译时应选用含义明确的汉语，还其本来的面目。例如：

Where a railway crosses a navigable water way, and it is impossible to lift the line high enough for vessels to pass underneath without interception, a bridge must be built which is capable of being opened in order to allow the river or canal traffic to pass.

在铁路经过通航河道的地方，如果那时不可能做到把线路升高到使船只在下面不受阻碍地通过的话，就必须把桥梁修成开启式的，以便江河或运河里的船只通过。

原文中的抽象词vessels 和canal traffic 被译成具体的"船只"。

5.5.2 笼统概念具体化

有时原文作者用一些含义概括或笼统的词句来表达某一具体的事物、行为或情况，如按字面直译会使译者有隔雾观花之感，而且不可能尽如作者意愿。这时就有必要用明确具体的词句把原文的具体含义表达出来。例如：What is known is that weight extremes in either direction are definitely unhealthy.众所周知，过度肥胖或消瘦肯定是不健康的。（weight extremes字面意义为"体重的两个极端"）

Administrating this fluid intravenously will fill up the deficiency in potassium.静脉滴注这种液体可以补充体内钾的不足。（administrating字面意义为"给予"）

5.5.3 广义词词义具体化

英语中有少数词使用广泛、搭配灵活，但其字面意义却颇为笼统和广泛。翻译时，必须根据其特定的上下文来确定其意义，然后选择具体的方式予以表达出来。例如，以下例句中的well，在不同的上下文里，具体为不同的表达。

1. Plants cannot grow well in the absence of water.

没有水，植物就不能茁壮地生长。

2. Shock the bottle well before the experiment.

实验前应<u>反复</u>摇动瓶子。

3. Radar waves go through clouds or fog quite well, whereas light waves no not.

雷达波能很<u>容易地</u>穿云破雾，而光波则不能。

4. Examine the account well before you pay it.

付款之前请<u>仔细</u>核对账目。

5.5.4 其他情况具体化

在实际翻译的过程中，还会碰到其他一些字面意义比较空泛或模糊的词句，如果直译就不能把原文本意交代清楚，有时还会造成歧义。这时就必须采用具体化的办法进行翻译。例如：

1. No reproduction is granted by implication or otherwise of this information.

本资料不得私下或公开翻印。（or otherwise具体译为"公开"，以与by implication相对应）

2. The planes may be in commercial use as early as the end of this decade or the beginning of the next.

这类飞机最早可在80年代末或90年代初投入商业飞行。（this decade和the next分别具体译为当时所在的年代及下一个年代）

3. Empties are not taken back.

空瓶不退钱。（empties 译成具体的"空瓶"）

4. The stars twinkled in transparent clarity.

星星在清澈的晴空中闪烁。（clarity译成具体的"晴空"）

5.6 重 复 法

重复法也是一种常见的翻译技巧。英译汉过程中的重复法，一般包括两种情况，分别是因语法需要和修辞需要所使用的重复法。

5.6.1 语法需要的重复法

英语中，替代是一种常见且重要的句子和语篇的衔接手段，可以重复前文中的某一表达方式，或用另一种表达方式去替代它。汉语的表达习惯往往要求重复同一个词才能把事情表达清楚，因此英语中的一些替代在译成中文时就需要重复。英语原文中的替代在译成汉语时一般要按照汉语的习惯重复其所替代的名词。如：

1. He hated failure; he had conquered it all his life, risen above it, and despised it in others.

他讨厌失败，一生中曾战胜失败，超越失败，并且藐视他人的失败。

2. Happy families also have their own troubles.

幸福家庭也有幸福家庭的不幸。（还原物主代词所代表的主语名词，使译文显得明确具体）

3. One of the personal benefits of the war was that Salinger met Ernest Hemingway, a writer he much admired, who was working as a war correspondent in Paris.

战争给塞林格带来的个人好处之一就是，他遇到了自己仰慕的作家海明威，当时海明威在巴黎担任战地记者。（还原关系代词指代的名词）

4. Some young people have gone to college others have gone to the country side.

一些年轻人上大学，一些年轻人则下乡去了。（重复不定代词替代的名词）

英语比较简洁，有些时候在表达中会省略一些相同的并列名词或动词，但是如果直译成汉语，会感觉不够明确，这时一般要将省略的并列部分译出来，在汉语中虽然重复，但意思明确，读起来更加通顺。如：

1. I had experienced oxygen and/or engine trouble.

我曾碰到过，不是氧气设备出故障，就是引擎出故障，或两者都出故障。（重复省略名词）

2. The blow hurt not only his hands but his shoulders too.

这一下不仅震痛了他的双手，还震痛了他的臂膀。（重复省略动词）

5.6.2 修辞需要的重复法

重复不仅是一种衔接的手段，也是一种修辞手段。如果英语原文中的重复是一种修辞手段，在译成汉语的时候依然要使用重复；汉语中使用一些重复的词或词组可以使气势更加恢宏，增强表达的节奏感。汉语中有大量四字格，这些四字格富有音韵节奏的美感，起到增强语言感染力的作用。一些英语单词在译成中文时根据上下文可以译成这样的四字格。如：There had been too much publicity about their relationship.这件事已经搞得满城风雨人人皆知了。用两个意思相同的成语，增加句子的可读性和语义效果。

总之，作为一种锦上添花的翻译技巧，重复法的使用要把握好度，不可弄巧成拙。

练习五

一、试用本章所讲的技巧翻译下列句子。

1. I learn English, and he Japanese.
2. He would never have been successful without your help.
3. Everything was on a larger scale for him, the highs were higher, the lows lower.
4. Better be wise by the defeat of others than by your own.
5. They talked for almost eight hours, through dinner and well into the night.
6. My work, my family, my friends were more than enough to fill in time.
7. He favored the efforts to improve relations with all peace-loving countries.
8. He was deeply impressed by what they did in the critical moment.

9. He had the kindness to show me the way.

10. He regarded him as a potential adversary.

11. Warm discussions arose on every corner as to his achievements.

12. He had already made mention of the matter in his speech.

13. Up the street he went, past stores, across a broad square and then entered a huge building.

14. When he went back, the radio was still on, for he had forgotten to turn it off when he left.

15. He was snuffed by a top-ranking officials there.

二、语篇翻译。

The style of Rip Van Winkle is characteristic of Irving. The sentences are long, but easy and balanced. The tone is familiar and sympathetic toward the reader and the tale. The opening paragraph shows Irving's ability to paint with detail, with color, and even with the very shape and sound of his sentences an atmospheric picture. The last sentences of the third paragraph show Irving's gentle wit. The dialogue is similarly easy and fluent and unobtrusively suited to the character speaking.

Not only has the story of Rip Van Winkle become a traditional, but many of the elements in the story are themselves traditional and familiar. Rip is a rich example of hen-pecked husband and likable good-for-nothing, and Dame Van Winkle an example of the termagant wife. The mountains are the traditional home of magic, and the magical sleep is found throughout folk and fairy tales. In spite of the conventionality of these elements in the story, Irving has, by the skillful use of the specific setting of the Hudson River valley and by such details as the rusted gun Rip finds when he wakes and the changes Rip meets when he returns to the village, made the story as real to us as if it were an everyday occurrence.

From *The Introduction to the Legend of Sleepy Hollow*, by Lauriat Lane, Jr.

第六章 句式结构的调整

英汉两种语言的句式结构千差万别,但如果进行粗线条的划分,大致都可以归入以下四种结构类型:

主谓结构(subject-predicate construction),反映陈述对象与陈述内容的关系,包括简单的主谓结构和主语从句+谓语结构等。

支配结构(dominate construction),反映支配者与被支配者之间的关系,包括动宾、介宾、系表及宾语从句、表语从句等。

限定结构(restrictive construction),反映限定者与受定者之间的关系,包括定语+中心词、先行词+定语从句、本位语+同位语、本位语+同位语从句、动词+状语、中心词+补语等结构。

并列结构(coordinate construction),反映几个组合成分处于平等地位,具有联合或选择意义,包括词、短语等的并列。

由于英汉两种语言单位的用法并不一致,翻译又要涉及语言单位的推移,我们把这四种类型的后两种扩展到句子以外,这样限定结构还包括主句+状语从句、正句+偏句及偏正句群等,并列结构则包括并列句和并列句群等。

语言的这四种结构在具体运用中可以直接或间接地(主要是通过单位推移)进行转换。有的在语内和语际均可进行转换;有的在语内不能转换,在语际却可以转换。这为翻译中灵活处理原文,消除"翻译腔",提供了多种途径。

语内和语际转换机制如下图所示。

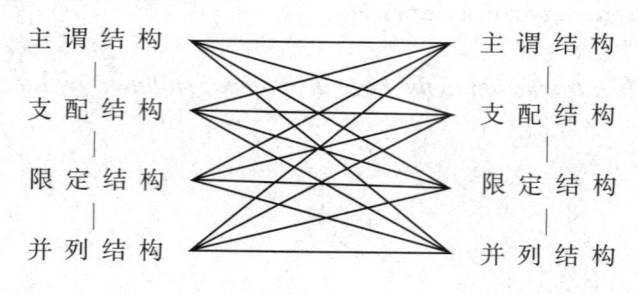

```
主谓结构            主谓结构
  |                  |
支配结构            支配结构
  |                  |
限定结构            限定结构
  |                  |
并列结构            并列结构
```

6.1 层级转换

6.1.1 逻辑顺组

层级转换中的逻辑顺组指的是不改变原句结构,如上图所示,主谓结构依旧是主谓结构,支配结构仍由支配结构来翻译,这是一种比较理想的翻译状态,如果不涉及文学、文化等较为抽象或有内涵的内容,机器翻译几乎可以轻松完成。

6.1.2 逻辑重组

但是，在实际翻译操作中，会出现很多特殊情况，理想状态下的文本几乎不存在。这就需要译者考虑多方面因素，翻译时不应局限于原句的结构层次，而要进行跨层次的转换，也就是逻辑重组。英语的独立主格结构兼有短语和句的双重性质，汉译时可根据需要译成短语或分句。例如：

He sat at the table, collar off, head down, pen in position, ready to begin the long letter.

他在桌边坐下，松开衣领，低下头，放好笔，准备写封长信。

英语中的主语从句、宾语从句、表语从句、定语从句、同位语从句、状语从句等都可以转换成汉语短语。如：What seems easy in theory is often immensely difficult to achieve.理论上看起来容易的事情做起来却往往非常困难。

除从句外，英语中的某些单句、主句等也可下移成短语。如：

She had a face that invited confidence and a heart that never betrayed it.

她的脸使人看了就当她是自己人，而她也从来不把人家的私事再告诉别人。

The time was 10: 30. Traffic on the street was light.

十点半，街上来往的车辆已经变得稀少了。

6.2　SVO 句型的转化

SVO句型是英语和汉语中都比较常见的句型。翻译中经常会采用逻辑顺组的方式，尤其当主语和宾语都是具体的物质名词时，这类句型完全可以采用机器翻译。英语中还有一类SVO句型，其主语或宾语往往由抽象名词或短语构成，如果依旧按照逻辑顺组的处理方法，那么汉语的语义就会非常晦涩难懂。此种情况需分析主语和宾语之间的逻辑关系，进一步将英语简单句扩展为多种逻辑关系的汉语复句。如：Starvation for three days killed the prisoners.采用逻辑顺组的方式，保留原文句式结构，译文是："三天的饥饿杀死了犯人"。通过分析不难发现原句中的Starvation for three days 是prisoners 死亡的原因，翻译成汉语的复句结构，则表达更为顺畅地道。译文是"三天没吃饭，犯人饿死了。"还以此句为例，如果谓语动词换成did not kill，其逻辑关系则变成了让步或者转折关系。译文是"即使/虽然饿了三天，犯人也没死。"如果谓语动词换成将来时态will kill，该句的逻辑关系就变成了条件。译文是"（如果）三天不吃饭，犯人会饿死。"再如：

The thought of the future fills me with boundless energy and strength.

一想到未来浑身就有使不完的劲儿。

SVO句型还可以转换成比较关系的句子。如：His wealth is matched with his kindness. "match"表示并列的关系，实际上是一种同级比较，汉语中表示并列关系的表达有"不仅……而且……""既……又……"，如此，译文可以是"他既有钱，心也好。"也可以是"他不仅有钱，而且十分善良。"

英语中有一些动词本身就含有比较的意思，如survive和一些以out为前缀的动词，如：The old man outlived /survived his wife.译文是"那位老人活得比他妻子长。"

还有一类情况是动词本身含有最高级的意思，可以采用最高级的表达形式来处理，如：

1. He leads his class in geography.

他在班里地理学得最好。

2. Inflation still leads the list of major problems in that country.

通货膨胀仍然是这个国家最严重的问题。

3. He tops them all at tennis.

他网球打得最好。

根据谓语动词的词义，主谓宾句子还可以转换成时间关系或例释关系，这类句子的谓语动词有较明显的表示时间先后以及例释的含义。如：

1. A good supper was followed by a gentle swim.

先舒舒服服游个泳，再美美地吃个晚饭。

2. Forty-odd years of reform and opening up has witnessed the great changes of China.

改革开放40多年以来，中国发生了翻天覆地的变化。

3. Disease often follows war.

战争之后往往会爆发疾病。

4. His absentmindedness can be exemplified by his ignorance of his own birthday.

他这人特健忘，比如说，他连自己的生日都记不住。

6.3 化动为静

化动为静就是把原文中的动态句式转换为静态句式。英语虽然喜欢选用静态句式，但选用动态句式来叙述静态的意义也很常见。这些动态句式极富修辞效果，常见于景物描写。英语有些动态句式译成静态句式往往比译成动态句式更好。例如：

1. To the south of the city lies a river.

城南有一条河。

2. In front of me stood the essential tools of the intelligence officer's trade——a desk, two telephones, one scrambled for outside calls, and to one side a large green metal safe with an oversized combination lock on the front.

眼前是干情报官这一行的基本用具—— 一张写字台，两部电话，一部装有外线保密器，一侧立着一个大型的绿色金属保险柜，柜正面装有特大号的号码锁。

3. Here, in the endless paper chase which began so clearly but ended in my mystery lay the threads of my career.

这种无休无止的文档追索游戏，始而目标明确，终于迷雾一团，贯穿其中的便是我的职业生涯。

4. High in the Carolina mountains sits an orphanage.

在卡罗来纳山地高处有一座孤儿院。

此外，有些英语动态句的意义不易用汉语动态句来表达，或者用汉语动态句表达不准确、不流畅时，该动态句也需要转换为静态句。例如：

1. She knows what's what.

她很有鉴别力。

2. They thought differently.

他们想法不同。

3. It is chiefly characterized by its simplicity of structure.

它的主要特点是结构简单。

4. The room is well furnished.

房间的陈设颇佳。

6.4 形合与意合

英语和汉语属于不同语系，在句法上大相径庭，各具特色。总的来说，英语句法形式要求比较严格，是重形合的语言，各种语法范畴在其中都有全面的体现，如有较明显的形态标记、较鲜明的词类及丰富的连词等。英语的形合手段多种多样，主要运用连词、关系代词或关系副词，此外还使用分词、动名词、介词短语和不定式。较之英语，汉语却没有严格意义上的形态变化，没有显性的词类分别，是重意合的语言。汉语句子除依靠意义组合外，还有一套句法联系手段，如采用语序、词语本身、词汇接应、结构平行、重叠形式、重复、推理和非推理等"粘合"手段进行意合。对汉语语句的理解常常是靠对语义关系的敏感性和语境达到的，而不是求助于话语的形式完备。由于英汉两种语言在句法形式上的差别，因此英译汉时可根据实际情况分别采用意合或形合的句式。

6.4.1 采用意合句式

英译汉时许多具有形合特点的英语句式有必要转换成具有意合特点的汉语句式。翻译如果一味拘泥于原文的形式，保留其形合的特点，往往会使译文啰嗦、不自然，带有"翻译腔"。试比较下面各英文例子的两组汉语译文。

1. He spoke so well that everybody was convinced of his innocence.

译文1：他说得那么好听，以至于每一个人都相信他是无辜的。

译文2：他说得那样好听，谁都相信他是无辜的。

2. If you turn to the left, you will find our institute at a distance.

译文1：如果你向左转弯，你就可以远远看到我们学校。

译文2：向左转弯就可以远远看到我们学校。

3. I can't trust him, because he is not honest.

译文1：因为他不老实，所以我不相信他。

译文2：他不老实，我不相信他。

4. We took off and flew over the city and slowly gained height.

译文1：我们起飞了，并且飞过城市，并且慢慢飞高。

译文2：我们起飞了，飞过城市，慢慢飞高。

5. The cat ate the mouse that ate the malt that lay in the corner of the house.

译文1：猫吃了那只吃了放在房子角落里的麦芽糖的耗子。

译文2：猫吃了耗子，耗子吃了放在房子角落里的麦芽糖。

以上英语句子中的各个成分（如词、词组、分句）之间都有连接词（so that、if、and、because、that）来表示相互之间的逻辑关系，结构形式比较严谨。通过比较各例的两个汉语译文，我们就会发现：译文1保留了原文重形合的特点，因而显得生硬、啰嗦，"翻译腔"十足；而译文2舍弃了原文重形合的特点，采用汉语意合的句式，将原文的连接词略去，然后按汉语的表达方式对原句进行必要的改组（先讲先发生的事情，后讲后发生的事情，消除原文形合的痕迹），因而译文读起来更符合汉语的表达习惯。由此看来，许多英语句子的翻译只有完全摆脱英语原文形合结构的束缚，采用汉语意合法来组词成句、组句成篇，才能使译文流转自如，简明通顺。而要做到这一点，译者必须先将原文的思想内容融会于心，然后根据汉语的语言特点，略去语意上显得多余、表达上感觉烦琐或可有可无的词或词组，用规范和地道的汉语译出原文。以下是采用意合法翻译的各种类型的句子。

A. 简单句

1. I was too tired to talk with you.

我很累，不能同你说话。

2. We never meet without a parting.

有聚就有散。

3. He lived neither for fame nor for personal gains.

他活着不为名不为利。

B. 并列句

1. We have studied English for a year and we can act English.

我们学了一年英文，已经能够演英文剧了。

2. The door was opened, and the audience came crowding in.

门开了，观众一拥而入。

3. And with this, and a proud bow to his patrons, the Manager retires, and the curtain rises.

领班说到这里，向观众深深地鞠了一躬，退到后台，幕起。

C. 复合句

1. When I was reading a book, she came in.

我正在看书，她进来了。

2. I'll let you know as soon as it is arranged.

一安排好就通知你。

3. It has been a long time since I saw you.

好久不见了。

4. As she talked on she got more and more excited.

她越讲越兴奋。

5. I knew nothing about it until he told me.

他告诉我了我才知道。

6. Come when you are free.

有空就来。

7. If winter comes, can spring be far behind?

冬天来了,春天还会远吗?

8. He was a free-will agent and he chose to do careful work, and if he failed, he took the responsibility without subterfuge.

他是个自有主意的人,干活就要认真干好,没干好,他就承担责任,决不借故推诿。

9. There was something remarkable in his manner of doing so, though I could not have said for my life what.

他这一举一动我总觉得有点奇特,奇特在哪里我又说不上。

10. Whatever you like to eat, just tell me.

想吃什么,只管告诉我。

6.4.2 采用形合句式

意合虽然是汉语的主要特征,但这并不意味着英语的形合句译成汉语时统统得用意合句式。事实上现代汉语也具有形合的特征,所不同的只是这一形式特点不及其意合特征那么显著而已。汉语中有不少表示因果、目的、转折、条件等逻辑连接词或起关联作用的副词,如"由于""因此""太……以至""与其……不如""既……又……""只要……就……""只有……才……"等,它们能使汉语句子成分和句子与句子之间的逻辑关系更加清晰,不易产生歧义。含有这些连接词的句子与一些意合句相比,措辞显得更加正式、语气更加庄严。英译汉时,如果采用意合句式处理会造成句意费解、逻辑不明,就可采用形合句式来翻译。例如:

1. I can't tell you anything when you won't listen.

既然你不听,我就什么也不对你说。

2. She has her weakness, but that doesn't mean she is not qualified for the job.

她有缺点,但这并不是说她不能胜任这项工作。

3. You don't have to worry as long as we are here.

只要我们在你就别担心。

4. Since I shall be here again tomorrow, I won't wait any longer.

反正我明天还来,现在就不等了。

5. Hardly had we started off when it began to rain.

我们刚要出发就下雨了。

6. Elsie, flushed with pride, happiness, and the sweet champagne and already looking more of a Dulver, was compelled to respond.

埃尔西由于骄傲、喜悦,又喝了几杯甜香槟酒而脸色通红,更像达尔佛家的人了。现在她只好站起来致答谢词。

7. In the 1950s most Americans believed parents should stay in an unhappy marriage to avoid damaging the children.

在20世纪50年代,多数美国人认为,做父母的即使婚姻不美满,也要维持下去,以免伤害孩子。

此外,我们还可以采用形合句式翻译英语中一些意合特征较明显的句子或汉语与之"形似"的句子。

1. A clear conscience laughs at false accusations.

只要问心无愧,别人的指责可以一笑置之。

2. Winter finds out what summer lays by.

到了冬天才知道夏天储存东西的重要。

3. His youth got him off.

由于他年轻,他得到了宽恕。

4. With all his shortcomings, he was a conscientious worker.

尽管他有缺点,但工作却是勤勤恳恳的。

5. The book sells well.

书卖得很好。

练习六

一、运用本章所学内容试译下列句子。

1. During January, February, and parts of March, the deep snows, and, after their melting, the almost-impassable roads, prevented our stirring beyond the garden walls.

2. He witnessed the sixth post-war economic crisis of serious consequence that prevailed in various field in the USA.

3. For this reason, our company explained solemnly to your company many times in February last year.

4. The gravity of the situation which confronts the world today necessitates my appearance before joint session of the congress.

5. Most speakers of languages with a significant degree of dialectal variation, who have

grown up with a local dialect but who were socialized into the use of a standard variety through formal education, will find that the language they use sounds quite different depending on whether they are in their professional context or speaking to their parents or siblings.

6. Whether friends were present or absent, she had always a kind smile for him, and was attentive to his pleasure and comfort.

二、分析以下三个语篇的语言特点并翻译。

The Blue Nile drains from the lofty Ethiopian mountains north-north-westward, where it descends from a height of 6,000 feet above sea level. Its reputed source is a small spring, considered holy by the Orthodox Church of Ethiopia, from which a small stream, the Abbai, flows down to lake Tana, a fairly shallow lake (with an area of about 1,400 square miles) that lies 6,000 feet above sea level. The river leaves Lake Tana in a south-easterly direction, flowing through a series of rapids and plunging through a deep gorge. It is estimated that the lake supplies the river with only one-fourteenth of its total flow, but it is important since it is silt-free. The river then flows west and northwest through the Sudan to join the White Nile.

From *Encyclopedia Britannica*

The Blue Nile pours very quietly and uneventfully out of Lake Tana in the northern highlands of Ethiopia. There is no waterfall or cataract, no definite current, nothing in fact to indicate that a part at least of this gently moving flow is embarked upon a momentous journey to the Mediterranean, 2,750 miles away... A few miles downstream from the lake the water begins to boil turbulently over rocks and shallows which are impossible to navigate with any safety; and so the traveller must take to mules and follow the river as close to its banks as the thick scrub will allow him.

From *The Blue Nile by Alan Moorehead*

My wilder arm, the Blue Nile, rises at about 6,000 feet in Ethiopia's distant highlands. It crosses Lake Tana, drops over the mist-swept Tisisat Falls, then for 400 miles boils and foams through the virgin forests of a 4,000-foot-deep gorge, eventually escaping into the stifling heat of the Sudan. In the desert I grow wider, warmer, and calmer. The sand dunes close in on both banks, yet my strong waters give life to cotton fields as far as the eye can see.

From *I Am the Nile*, by Christopher Lucas

第七章　定语从句的翻译

定语从句也叫关系从句或关系分句，一般放在被修饰词的后面，根据定语从句与先行词（即被修饰词）的关系，定语从句又分为限定性定语从句和非限定性定语从句，前者指的是与先行词关系极为密切而不可分割的定语从句，缺了该从句，先行词便不能明确地表示出所指的对象和意义，后者指与先行词关系比较松散的定语从句，该定语从句不是先行词不可或缺的一部分，而仅仅是一些补充说明的信息，并不影响先行词所指的对象和意义。就英译汉而论，定语从句的翻译既是重点又是难点。但凡译文生硬、拗口甚至晦涩，多半都是因为没有译好定语从句所致。下面分情况探讨定语从句的翻译。

7.1　译 为 定 语

凡是像汉语定语一样起修饰限制作用的英语定语最好仍译成定语。如：For one of Emerson's most fundamental and frequently recurring ideas is that of a "great nature in which we rest as the earth lies in the soft arms of the atmosphere."

译文1：爱默生反复提到的一个最基本的观点是："自然崇高伟大，人类栖息其中，一如地球依偎在大气温柔的怀抱里。"

译文2：因为爱默生频频论及的一个基本概念就是"自然"，即这个"我们像大地卧于大气温柔怀抱那样存在于其中的自然。"

译文1为了语气连贯，没有将定语从句译为定语，而是对定语从句进行拆分，转换成普通陈述小句，这样的译文比起原文少了限定的部分。由于限定部分太长，如果仍将限定部分翻译成定语，会使中心词距离主语过远，从而使整个译文结构失衡，译文1的处理方式很好。但是在译文2中，通过重复先行词"自然"，原文中的定语依旧译成定语，同时又不会凸显定语的冗长，通过重复，使中心词与主语紧密联系，语义清晰，语气更连贯。又如：

I want a man who will throw his hat over the Chindwin and then lead his troops after it.

译文1：我要的是这样一个人，他决心在钦敦江破釜沉舟，然后率领部队前进。

译文2：我要的是这样一个人，一个能在钦敦江破釜沉舟并率部过江的人。

再如：

They are striving for the ideal which is close to the heart of every Chinese and for which, in the past, many Chinese have laid down their lives.

译文1：他们正在为实现一个理想而努力，这个理想是每个中国人所珍爱的，在过去，许多中国人曾为了这个理想而牺牲了自己的生命。

译文2：他们正努力去实现那个理想，那个每一位中国人珍藏于心中的理想，那个许许多多中国人曾为之献出了生命的理想。

上述两个例句的译文2都是将限定修饰的定语依旧处理为汉语译文中的定语，由于重复了先行词，不仅句子没有冗长失衡之感而且符合原句的形式，更加突出了对中心词的限制和修饰作用，从表达效果上来看要优于译文1。

7.2 译为谓语

在一些There be句型中，中心词后的定语从句才是句子的重点。而汉语句子的重点通常在谓语部分，为了突出定语从句的内容，可以把中心词译成主语，定语从句压缩成谓语。如：

1. There are many people who want to read this book.
有许多人想读这本书。

2. There were men in the crowd who had stood there every day for a month.
人群中有些人一个月来每天都站在那里。

3. There is a man downstairs who wants to see you.
楼下有个人要见你。

4. There is a transparency about the light here which cannot be described or painted.
透明的光线难以描绘。

这种用法在莎士比亚戏剧中比较常见。如：

Sir, there is especial commission came from Venice to depute Cassio in Othello's place.
先生，有特使从威尼斯来任命凯西奥取代奥赛罗的位置。　　——《奥赛罗》

There's one did laugh in his sleep, and one cried, "Murder!"
有人在梦中大笑，有人喊了声"杀人！"　　——《麦克白》

There's many have committed it.
有许多人都犯过这种罪。　　——《一报还一报》

7.3 译为状语

一些定语从句在语法上是定语，但是在实际的语义上是状语，起的是补充说明作用，这样，其意义功能就与状语从句重合，因此翻译成汉语时往往被译成相应的状语从句，严格说是译成汉语偏正复句中相应的偏句。如：

1. We know that a cat, whose eyes can take in many more rays of light than our eyes, can see clearly in the night.
我们知道猫在夜里也能清楚地看见物体，因为猫的眼睛比人的眼睛能吸收更多的光线。（原因偏句）

2. He insisted on building another house, which he had no use for.

他坚持再盖一所房子,尽管他并不需要。(让步偏句)

3. I have not given up my effort to get a passport that will enable me to visit China.

为了能访问中国,我一直不懈地申请护照。(目的偏句)

7.4 译为独立小句

这类定语从句与中心词关联不大,主要是起补充说明的作用。翻译时,可将定语从句重新作为一个独立的小句译出。如:

1. A good deal went on in the steppe which he —her father —did not know.

草原上发生了许多事情,他—她父亲—并不知道。

2. Elizabeth was determined to make no effort for conversation with a woman, who was now more than usually insolent and disagreeable.

伊丽莎白不肯再和这样一个女人说话,这个女人现在异常无礼,十分令人反感。

3. Kissinger and his small group of aides toured the Forbidden City, where the Chinese emperors had once lived in lofty splendor.

基辛格和他的一小组随从参观了故宫,从前的中国皇帝曾在这里过着奢华显赫的生活。

当然,在翻译的最后阶段,要使以上译文主次分明,语气连贯,还可在分句前加上衔接词,使译文更加地道易懂,或者把定语从句当作同位语来翻译。比如以上三句经处理后为:

1. 当时大草原上有许多事情在发生,而他(她父亲)却一无所知。

2. 伊丽莎白决定不再勉强自己与这样一个女人交谈,更何况此时这女人异常傲慢,令人反感。

3. 基辛格和他的一小组随行人员参观了故宫,那座历代中国皇帝养尊处优的宫殿。

定语后置的情况多见于非限定性定语从句,此类句型在科技文本中出现较多。如:

1. The functions of the NMS Authorization Service are based on the concepts of role and scope which are defined as follows.

NMS 授权业务功能依角色和作用域概念而定,其概念定义如下。

2. The operational problems can be due to several different sources, some of which are listed in the following table.

操作问题可能由多种原因引起,下表仅列出了其中的一部分。

重复关系代词所指代的名词,有时还可以在名词之前加指示代词"这""该"或"此"。如:

3. The On-Screen Keyboard is a scaled-down version of a powerful product made by Madenta called "ScreenDoors", which contains many features that can significantly improve your productivity.

屏幕键盘是ScreenDoors的精简版。它由 Madenta 开发,功能强大。此版本有许多功能,可大幅度提高工作效率。

4. Welcome to the Outlook 2000 Startup wizard, which will guide you through the process of configuring Outlook 2000.

欢迎使用 Outlook 2000 启动向导,该向导将指导您完成 Outlook 2000 的配置。

总之,大多数情况下,译者要考虑到中英文定语位置的差异,将英语定语从句的译文进行调整,或前置、或后置、或融合,或根据前后关系转译为表示因果、转折、条件或目的的偏正复句,在不改变原文意思的情况下保证汉语译文的流畅。

7.5 其 他

英语中还有一类定语从句,在句中既不起修饰限制作用,也没有补充说明功能,而是为了使句子紧凑而使用的一种语法手段。翻译这些定语从句,只需将代词换成其前面出现的中心词即可。如:

1. Tom passed the rumor to John, who passed it to Jack, who passed it to Mary, who passed it to...

汤姆把谣言传给约翰,约翰传给了杰克,杰克传给了玛丽,玛丽传给了……

2. The cook turned pale, and asked the housemaid to shut the door, who asked Brittles, who asked the tinker, who pretended not to hear.

听到这儿,厨子脸色变得苍白,叫女仆去把门关上,女仆叫布立特尔去关,布立特尔又叫补锅匠关,补锅匠却装作没听见。

3. If she did not speak with Rebecca on the tender subject, she compensated herself with long and intimate conversations with Mrs. Blenkinsop, the housekeeper, who dropped some hints to the lady's-maid, who may have cursorily mentioned the matter to the cook, who carried the news, I have no doubt, to all the tradesmen.

就算她没能就这件微妙的事与吕贝卡进行过交谈,她也从与女管家布伦金索普太太的数次推心置腹中得到了补偿,而女管家向夫人的贴身女仆露了点口风,女仆可能又对厨娘草草说起过此事,而我毫不怀疑,厨娘又把这消息告诉了所有那些商贩。

练习七

一、使用恰当的方法翻译下列句子,注意定语从句的处理。

1. Individuals who are infected with HIV but remain healthy and keep viral replication in check may offer some hope for guiding the design of an effective HIV vaccine.

2. She was very patient towards the children, which her husband seldom was.

3. Last night I saw a very good film, which was about the French revolution.

4. Each preprocessor has one partial diagnosis, which is named according to the name of the plug-in unit.

5. There has never been a man around me who wrote so many memos.

6. He made the sound of sympathy which comes so readily from those who have an independent income.

二、语篇翻译。

Education not a Business but for the Greater Public Good

I beg to differ from Cheltenham Conservative MP Alex Chalk's attempt to defend the rosy neoliberal consensus on higher education financing (higher education system is fair; Echo, August 23).

His arguments are selective, he ignores countervailing arguments and he's seeking to "shoot a fox" in denigrating a Labour's highly popular HE policy.

I speak from experience. After a decade working as a senior university lecturer, I resigned my post in 2014 because of the insufferable corporation of universities, with its accompanying "audit culture" mentality colonizing education—the legacy of successive governments—and destroying any remaining vestiges of freedom and creativity in education.

Under New Labour and the Conservatives, universities have become almost indistinguishable from corporate businesses, with obscene levels of remuneration for vice-chancellors and senior managers, paying themselves virtually what they want via shadowy remuneration committees, with no relationship to performance or worth.

Since 2005-6, vice-chancellors' salaries have risen by an incredible 56.2 percent—over a period when ordinary working families are often no better off in real terms. No wonder Stroud's new MP David Drew has resigned in protest from Bath University's court at the staggering £451,000 paid to their VC, Professor Dame Glynis Blackwell.

I went into education to "light fires" in the minds of eager-to-learn, creative young people, not to "fill buckets" for compliant students fitting themselves into "the system" and not to work for a corporate business that's in hock to narrow private-sector interests.

Huge numbers of my ex-colleagues feel the same, but are essentially trapped in the system with morale of university staff at an all-time low.

Hardly do we hear a whisper now about public-sector ethos and serving the community. Our neoliberal Establishment is determined to cast education in the image of private capital, rather than seeing it as a public good that benefits the whole of society.

Labour-under-Corbyn came within a couple of percentage points of a shock election victory in June partly because they challenged this corporatist, privatizing ideology, which resonated with millions of concerned voters.

Roll on the next general election, and a Corbyn government that re-balances our education system with an appropriate public/private sector balance, and recognizes that education is at least as much a public good as it is an individualized private commodity.

Such a change will be great for staff morale, great for the student learning experience, and relieve hundreds of thousands of young people of horrendous lifetime debts.

Dr. Richard House Former University Senior Lecturer

第八章　无生命主语句的翻译

根据动作的执行者是有生命的还是无生命的这一标准，英语和汉语的动词均可分为有灵动词和无灵动词。前者用在有生命的名词后，后者用在无生命的名词后。含有灵动词的句子称作有生命主语句，含无灵动词的句子称作无生命主语句。英语和汉语在有灵动词和无灵动词上的差别是：有灵动词与无灵动词在英语中没有明确的区别，即一个动词常常既可用作有灵动词，又可用作无灵动词；汉语中这两类动词之间却有明确的区别，即一个有灵动词不能同时用作无灵动词。例如：

1. One reliable source said that major tax changes were being considered by the Treasury.
据可靠消息，财政部正在考虑对税收办法作重大改革。
2. John said that he would come this evening.
约翰说他今晚来。

上述两例中的 said 分别与表示无生命的事物 one reliable source 和表示有生命的 John 搭配。前句是无生命主语句，后者是有生命主语句。动词 say 在前一例中用作无灵动词，在后一例中用作有灵动词。而汉语中与 say 相对应的动词是"说"，只能作有灵动词。如改作无灵动词，则很不符合汉语的表达习惯。英译汉时，一是要弄清英语无生命主语句的特点，二是要相应地调整原句的结构和搭配。

8.1　无生命主语句的特点

从充当句子主语的词语来看，英语无生命主语句大致有下列几种类型：
A. 以时间、地点等名词做主语的句子
1. 1949 saw the founding of the People's Republic of China.
1949年中华人民共和国成立了。
2. The minutes slipped by quickly.
时间一分钟一分钟地溜过去了。
3. Rome witnessed many great historic events.
在罗马城发生过许多伟大的历史性事件。
B. 表示生理、心理状态的名词和表示某种遭遇的名词做主语
1. His illness prevented him from attending the conference.
他因病未能参加会议。
2. Bitterness fed on the man who had made the world laugh.
这位曾使全世界发出笑声的人自己却饱受辛酸。

3. Astonishment, apprehension, and even horror oppressed her.

她感到心情抑郁，甚至惊恐不安。

C. 具有行为和动作意义的名词作主语

1. The very sight of it makes me feel nervous.

一见到它，我就感到紧张。

2. The shortest cut would take us five hours to get there.

抄近路也要5小时才能到那里。

3. That night sleep eluded him.

那天夜里他没睡好。

4. The fresh sunlit January morning filled the young teacher with happy thought.

一月的早晨清新晴朗，令年轻教师心中充满了愉快的感想。

D. 其他类型

1. The matter asks immediate attention.

这件事需要立即予以注意。

2. Well, Colonel Fitzwilliam, what do I play next? My fingers wait your orders.

噢，菲兹威廉上校，接着弹个什么曲子？我在听您吩咐呢。

3. Her heart did whisper that he had done it for her.

她心里的确在嘀咕：为了我，他才这么做的。

8.2 无生命主语句的翻译

英语中存在很多以无生命的名词（包括抽象名词、状态名词、属性名词等）作主语的情况。考虑到英汉句式的差异，汉语句子很少使用这类名词作主语发出动作。翻译英语的无生命主语句时首先要考虑其特点，吃透原文，然后用符合汉语表达习惯的主谓搭配形式把原文的意思传达出来。

8.2.1 改变原句中的主语

找出合适的动作执行者作为汉语句子的主语，把无生命主语转换为有生命主语，重组句子。如：

1. The sight of a tailor-shop gave me a sharp longing to shed my rags, and to clothe myself decently once more.

我一看到一家服装店，心里就起了一阵强烈的愿望，很想扔掉这身褴褛的衣服，重新穿得像个样子。

2. Anger choked his words.

他气得话也说不出来。

3. His weariness and the increasing heat determined him to sit down in the first convenient shade.

他疲惫不堪，天气也越来越热。他于是下了决心，一找到舒适的阴凉处，就坐下休息。

8.2.2 把无生命主语转化成汉语偏句

英语中有些无生命主语句从语法层面来看往往是简单句，但实际上却蕴含着一定的逻辑关系。因此在翻译这类句子时，不能照搬原文表达形式，而要把无生命主语转换成有生命主语或是其他类型的主语，有时还要通过拆分等手段把句子转化成并列句或复合句，以便把其逻辑关系和时间顺序逐层表达出来。拆译前也可增加一些连词（如"因为""所以""如果""虽然"等），例如：

1. The bitter weather had driven everyone indoors.

天气寒冷刺骨，人人都已躲进了室内。

2. The sight of the girl always reminds me of her parents.

我一见到这个女孩，就想起她的父母。

3. This medicine will make you feel better.

吃了药你会舒服些。

8.2.3 把无生命主语转化成汉语的状语

有时无生命主语表示的是原因、方式、时间等抽象概念，翻译时要灵活处理为相应的汉语状语。如果句子的宾语是表示某种行为和动作的名词，可译为谓语，其定语译为主语。因实质性内容是由宾语及定语表示的，原谓语可以省略不译。

1. As he puffed, an abrupt sound startled him.

他正吸烟时，猛然听到一种意料不到的声音，不由得吃了一惊。

2. Investigation led us to the foregoing conclusion.

经过调查，我们得出了上述结论。

3. The forty years, 1840—1880, brought almost ten million migrants to America.

从1840至1880年这四十年中，近一千万移民移居美国。

4. Dawn met him well along the way. It was a pleasant uneventful ride.

东方欲晓的时候，他已走了一大段路，这次骑马旅行是很愉快的，没有碰到意外事件。

5. Four days passed, and the fifth day found the King of the Blind still incognito as a clumsy and useless stranger among his subjects.

四天过去了。到了第五天，这位"盲人之王"仍被他的子民认为是个笨拙无用的外人。

8.2.4 把无生命主语转化成汉语的外位成分

把无生命主语从原句中拆出来，作为外位成分，必要时译成无主句。有时，汉语句子的主语可用一个代词如"这"来替代。这种拆译和转换可以避免汉语的主语太长，又能使主谓靠拢，使整句话结构紧凑、逻辑关系清晰。

1. Zaire defies easy classification.

很难把扎伊尔列入哪个类型中。

2. The heat makes me sweat like a pig.

热得我满头大汗。

3. The noise made everybody upset.

闹得大家不得安宁。

4. The small table overturning as he fell to the carpet helped bring her out of the shock.

他倒在地毯上，把小桌子撞翻，这才令她惊醒过来。

8.2.5 引申英语谓语动词的词义

根据表意的需要，对原句中的谓语动词词义加以引申或适当变通，使译文符合中文的构句需要。

1. The courage escaped from me at the moment.

那一刻我突然失去了勇气。

2. From his windows which overlooked the Bay of Naples, he saw a hundred places that recalled the Romans and the Greeks. The past began to haunt him.

他站在窗前就能俯视那不勒斯湾。此时，他凭窗远望，看到上百处残踪遗迹，因而联想到罗马和希腊的兴衰。他开始不停地思考起古代社会来。

3. Her name escaped me.

我记不起她的名字了。

4. Words failed him.

他说不出话来。

5. A smile warmed her face.

她的脸上洋溢着微笑。

8.2.6 运用使役句式

1. His illness left him weak.

疾病使他虚弱。

2. Continuous rain prevented us from taking any outdoor exercise.

阴雨连绵，使我们不能做任何室外运动。

3. The noise frightened me.

那个声音把我吓坏了。

8.2.7 采用拟人化的句式

采用拟人化的句式，也就是保留原文中的无生命主语。使译文与原文在意义和形式上都做到对等,但是使用此种方法要谨慎,要考虑句式和意义表达是否易于读者理解,以免以词害意。以下是几个成功使用拟人化句式的译例。

1. Illness deprives him of life.

疾病夺走了他的生命。

2. Good manners will open doors that the best education cannot.

良好教养能打开最佳学历所打不开的门。

3. Words pay no debts.

空话还不了债。

练习八

一、翻译下列句子,注意主语的处理。

1. His only relief came from applying hot-water packs to his tortured eyes.
2. The flow of electrons is from the negative zinc plate to the positive copper plate.
3. The trembling of my limbs ceased, and my face muscles no longer moved involuntarily.

二、以下是一个医患协议的部分条款,请将其翻译成汉语。

An Agreement between a Hospital and a Patient

1. The hospital maintains personnel and facilities to assist your physicians and surgeons in their performance of various surgical operations and other special diagnostic or therapeutic procedures. These operations and procedures may all involve risks of unsuccessful results, complications including but not limited to bleeding, infection and nerve/nervous system damage, injury, or even death, from both known and unforeseen causes, and no warranty or guarantee is made as a result.

2. To make sure that you fully understand the operation or procedure, your physician will fully explain the operation or procedure to you before you decide whether or not to give consent. If you have any questions you are encouraged and expected to ask them.

6. In addition to being an institution that cares for patients, XXX Health Services and XXX University Clinic are educational institutions, and as a part of medical education program residents, interns, medical students, postgraduate fellows, and other health care students may, under the supervision of the attending physician, participate in your care.

9. Your signature on this form indicates (1) that you have read and understand the information provided in this form, (2) that the operation or procedure set forth above has been adequately explained to you by your physician, (3) that you have had a chance to ask questions, (4) that you have received all of the information you desire concerning the operation or procedure and (5) that you authorize and consent to the performance of the operation or procedure.

第九章 修辞格的翻译

单就修辞手段而论，英语绝大部分常用修辞格都能在汉语中找到与之相同或相似的修辞手段，只有几种在分类上与汉语修辞格互有参差。但这不是本质问题，其本质是双方存在着相同或相似的修辞现象。

英语修辞学和汉语修辞学都分为广义修辞学（Broad Stylistic Context）和狭义修辞学（Narrow Stylistic Context）。广义修辞学涉及语体和体裁（Style and Type of Writing）等问题。狭义修辞学主要涉及各种修辞手法即修辞格（Stylistic Devices or Figures of Speech）的问题。由于修辞格是修辞学的重要内容，本章重点讨论英语修辞格的翻译问题。

9.1 修辞与修辞格

汉语"修辞"一词最早见于《周易·乾·文言》里的"修辞立其诚，所以居业也"。在这句话里，"修辞"是"修理文教"的意思，与人的修业有关，不是今天"修辞"这个词的意思。在现代汉语里，"修辞"这个词从字面讲，可理解为"修饰言辞"，再广义一点又可理解为"调整言辞"。修辞，狭义上指文字修饰；广义上包括文章的谋篇布局、遣词造句的全过程，同时也包含语言文字修辞。

"修辞"从概念上讲，有三重含义：一指运用语言的方式、方法或技巧规律（即"修辞手段"）；二指在说话或写作中积极调整语言的行为活动（即"修辞行为"）；三指修辞学或修辞著作；三种含义不完全相同，但又有密切的联系。修辞规律存在于修辞活动中，修辞规律和修辞活动都是修辞学研究的对象。我国著名的语言学家陈望道先生在《修辞学发凡》一书中把修辞分为两大类：消极修辞和积极修辞。前者指遣词造句和构建篇章，意在文从字顺；后者则强调各种修辞方式（即修辞格）的适当运用，旨在使语言生动形象、简洁凝练，更具艺术感染力。作为积极修辞，英语修辞格（a figure of speech）在英国修辞学家J.C.Nesfield所著的 *Senior Course of English Composition*（《高级英文作文》）一书中被定义为"a deviation from the plain and ordinary use of words with a view to increasing or specializing the effect"。意思是说，修辞格是为了提高表达效果或取得特殊表达效果而对词语通常用法的一种偏离。正是这种偏离加大了翻译的难度。

9.2 常用修辞格

汉语和英语运用的相同或相似的修辞手段反映出人类修辞思维的共通性，涵盖着许多异曲同工之妙。但是，由于双方历史发展不同，风俗习惯和生活环境相异，甚至美学观念也有所差别，在表达同一种概念时，往往会使用不同的类比或不同的修辞格。此外，双方所使用的词汇搭配范围不同，语言的音韵节奏差别也大。因此，一些性质相同的修辞格，在结构和运用范围上都有差异。英语常用的修辞格种类繁多，彼此互相关联甚至部分重合，很难对这些修辞格进行详细分类。目前较为认可的分类方法是根据修辞格的特点和功能进行划分的，大概可分为以下几类。

9.2.1 比喻类修辞格

这是一类最常用、最重要的修辞格，主要是利用事物的相似性和关联性来构成修辞。如simile（明喻），metaphor（暗喻），personification（拟人），metonymy（借代），synecdoche（提喻），antonomasia（换称），euphemism（委婉语）等。

9.2.2 夸张类修辞格

这类修辞格通过故意加强或弱化语气来表达内容，达到强调所要表达观点的目的。如hyperbole（夸张），understatement（低调陈述），overstatement（高调陈述），antithesis（对仗），paradox（悖论），epigram（隽语），rhetorical questions（反问），irony（讽刺），climax（渐进）等。

9.2.3 语音类修辞格

语音修辞就是利用语言的声音节奏进行修辞，以取得语言的音乐美。语音修辞有点像作曲家给一首歌词谱曲，主要是为了使语句富于节奏，优美动听。这对于口语来说至关重要，如电影、电视、戏剧、广播、演讲、报告等，主要靠口头传递和听觉接收信息，就非常注重语音修辞，语音是否和谐直接影响到表达的效果。这类修辞格主要有alliteration（头韵），assonance（尾韵），onomatopoeia（拟声）等。

9.2.4 语言游戏修辞格

这类修辞格不太常见，主要是利用语言的错位搭配以及谐音等，达到幽默效果。如transferred epithet（移就），zeugma（轭式搭配），pun（双关）等。

9.3 修辞格的翻译

翻译英语修辞格力求译文能有效地再现原文的修辞效果，否则译文即使在大意上与原文差不多，也会使原文的精神和风格受损，削弱语言的表达力。一般来说，修辞格的翻译原则是尽量保留原文中的修辞格，因此首选的翻译方法仍然是直译。同时，进一步考虑到英汉两种语言之间的语音、文化、词义搭配原则等方面的差异，还需借助其他翻译技巧，根据具体情况灵活地改换原文的某些修辞手段，使译文符合译入语的语言规范和表述习惯。总的说来，英语修辞格的翻译要考虑多种因素，进行同层、同级或跨越层级的转换。

9.3.1 直译

在英汉两种语言的修辞手法和比喻形象无甚差异的情况下，就可采用直译。直译既可传达原文的意义，又可保持原文的修辞风格，丰富译文的语言表达力。例如：

1. They were only crying crocodile tears at the old man's funeral because nobody had really liked him.（metaphor）

在老头子的葬礼上，他们只不过挤了几滴鳄鱼的眼泪，因为老头子在世时他们都不喜欢他。（暗喻）

2. Among so many well-dressed and cultured people, the country girl felt like a fish out of water.（simile）

同这么多穿着体面而又有教养的人在一起，这位乡下姑娘颇有如鱼离水之感。（明喻）

3. I would my horse had the speed of your tongue.（zeugma）

但愿我的马能赶上你的嘴。（拈连，与轭式搭配本质上一样）

4. On the 14th of March, at a quarter to three in the afternoon, the greatest living thinker ceased to think.（euphemism）

3月14日下午两点三刻，当代最伟大的思想家停止思想了。（委婉语）

9.3.2 直译+部分注释

有些修辞格，尤其是比喻类修辞格，由于文化差异会导致喻体和本体之间的联系在译入语文化中并不常见，从而造成译入语读者的困惑，此时有必要在直译基础上添加部分注释。如：

1. The waiter says with a voice like the butter cake and eyes like the cherry in a cocktail.

侍者说话的声音像奶油蛋糕，眼睛如鸡尾酒里的樱桃。（直译未加注释）

这个译文完整而准确地译出了原文中的喻体和本体，但是却带来了另一个问题，在中国人的日常生活中，奶油蛋糕很常见，通常会和美好的事物相关联，鸡尾酒里的樱桃，并不是我们生活中常见的，而且很少与声音、眼睛相关联，从译文中也很难体会其中的意思。这时候，译者有必要对译文进行适当解释，主要是解释两者的关联性，因此可以在译文中加上修饰词，变成：侍者说话的声音腻得像奶油蛋糕，眼睛红得如鸡尾酒里的樱桃。

加上的解释说明部分也是丰富译入语语言表达的一种有效方法，它既能传达原文的意思和神韵，又能扩展读者的知识面。尤其当原文里使用了典故、双关等修辞手段时，使用加注能收到更好的效果。注释部分可以放在文内，也可以单独作为文外注释，即解释说明的部分单独放在译文之外，用括号标注。例如：

2. Christ, to hear some of those sailors' myths, you'd think bloody Fort Knox was on every ship that sailed.

天哪，要是听信有些水手的胡说八道，你会以为每条出海的船上都有该死的诺克斯堡哩。（注：诺克斯堡是美国的一个军事保留地，是美国黄金仓库的所在地。）

3. They did not reopen the Pandora's Box they had peeked into in 1972.

他们在1972年曾挖掘过这些丑事，如今却不再打开这个潘多拉的盒子。（注：潘多拉的盒子源自希腊神话故事，里面藏有许多能给人们带来不幸的事物。）

4. Why are parliamentary reports called "Blue Books"?

—Because they are never red.

——为什么议会报告称为"蓝皮书"？

——因为他们从来就不是红的。（注：red和read谐音，实际上是指"从来没有人读它们"）

5. Unemployment, like the sword of Damocles, was always accompanying the workers.

失业如悬在工人们头顶上的达摩克利斯之剑，时刻都在威胁着他们。（注：达摩克利斯之剑比喻即将到来的危险）

6. The project is an economic albatross from the start.

这个项目从一开始就是一个摆脱不了的经济难题。（注：Albatross是英国诗人柯勒律治的《古舟子咏》中的信天翁，它被忘恩负义的水手杀死后，全船陷入灾难中）

9.3.3 跨层次转换

有些英语修辞格是特有的，在汉语中并没有与之相对应的修辞格，保留其形式就会损害其意义。如头韵法，其搭配可以千变万化，很难碰巧找到相同的汉语搭配，即使勉强凑韵，也不一定能表达原文的意思。这时就必须首先保证译文能正确传达原文的思想内容，然后再尽一切可能去表现原文的节奏和韵律。或者用另一种修辞格来替代原文中的修辞格，使译文在思想上忠实于原作，在风格和神韵上尽量求得与原文相接近的效果，这就是跨层次转换的办法。如：

1. It was a splendid population——for all the slow, sleepy, sluggish-brained sloth stayed at home. (alliteration)

这是一批卓越能干的人民——因为所有那些行动迟缓，头脑愚钝，睡眼惺忪，呆若树懒的人都待在家乡了。（排比）

原句使用了头韵的语音修辞手段，目的是使语气连贯、增强说服力。汉语中并没有头韵的修辞格。但是，汉语中的排比修辞格完全可以达到同样的效果，因此可以在译文中使用排比替代原文中的头韵。再如：

2. As you entered the gate, gravity fell on you, and decorum wrapped you in a garment of starch. (personification)

一进大门就感觉到严肃的气氛，而各种规矩礼节犹如一件浆硬了的衣服让你很不自在。（明喻）

原文中的拟人，实际上是使用无生命名词作主语的情况，此种拟人与汉语中的拟人并不完全对应，因此翻译的时候，巧妙地将拟人换成明喻。

有些英语的修辞格译成汉语时，可以换用符合汉语习惯的其他修辞格或是改变原文中比喻形象，例如：

1. He was so fond of talking that his comrades nicknamed him "magpie".

他如此唠叨，同伴们给他起了个"麻雀"的外号。（汉语中"喜鹊"喻义喜事、吉利、运气，而在英语中的喻义却是唠叨、饶舌，于是取汉语中联想效果相似的喻体"麻雀"）

2. "Don't be scared, chickens!" came her voice with teasing gaiety.

"别害怕，你们这些胆小如鼠的东西！"只听得她用戏谑的口气说道。（英语中chickens是懦弱、胆怯的代名词，汉语中的"小鸡"却无法引起人们这种联想，于是换成了"老鼠"的形象）

3. It is regrettable that our appeal remained a dead letter.

遗憾的是，我们当时的呼吁石沉大海。（dead letter指没有回复的信件）

4. And I suppose she'll tell all the boys, the old cat.

我猜想她会告诉所有的男人，这个长舌的老太婆！（英语中"cat"常用来比喻恶毒的女人）

9.3.4 不译

一些as…as 结构的明喻，由于使用历史久远，已渐渐失去修辞色彩，慢慢退化为一般的词语，又称"Cliché"（陈词滥调）。这些短语的翻译就没有必要保留原来的修辞格了。如：as cool as a cucumber（很冷静），as butterflies in stomach（很紧张），as sharp as a needle（非常精明）。

有些使用典故的英语句子，如果采用注释的方法，对典故的解释很可能会多于译文部分，结果喧宾夺主，如英语明喻as rich as Croesus，如果译成"富得像科里瑟斯"，读者会十分费解，不知Croesus是何许人也。如果加注，说明Croesus是公元6世纪小亚细亚吕底亚国王，十分富有。读者虽然能明白该词的意思，却极易分散他们阅读时的注意力，因此不如干脆意译为"极为富有"，不必顾及其修辞手法。其他例子还有：as drunk as a fiddler译成"酩酊大醉"。（在英格兰早期文化生活中，民间小提琴手在公共场合为舞蹈伴奏，人们往往以酒酬谢，小提琴手因此每每喝得大醉。这种奇特的比喻只好意译）

有些英语修辞格（特别是句式修辞格）难以采用对应的汉语修辞格来翻译，可以不用翻译其中的修辞格，只需把原文的意义表达出来即可，以便使译文符合汉语的规范和表达习惯。例如：

1. She lost her heart and necklace at a ball.(syllipsis)

在一次舞会上，她倾心爱上了一个人，但却丢失了她的项链。

2. He was alternately cudgeling his brains and his donkey. (transferred epithet)

他一边赶着驴子，一边冥思苦想。

3. You want your pound of flesh, don't you? (allusion)

你要逼债，是吗？

4. The hall way was Zebra-striped with darkness and moonlight.(metaphor)

月光射进走廊，在黑暗中投下条条光影。

5. After two centuries of crusades, the Crescent defeated the Cross in all Southwestern Asia.(metonymy)

经过两个世纪的圣战,伊斯兰教终于在整个西南亚战胜了基督教。

总之,翻译修辞格,需要好好把握原文中修辞格的使用意图,结合上下文和语义分析,综合采用上述方法。

练习九

翻译以下语篇,注意修辞格的处理。

Torcello, which used to be lonely as a cloud, has recently become an outing from Venice. Many more visitors than it can comfortably hold pour into it, off the regular steamers, off chartered motor-boats, and off yachts; all day they amble up the towpath, looking for what? The cathedral is decorated with early mosaics—scenes from hell, much restored, and a great sad, austere Madonna; Byzantine art is an acquired taste and probably not one in ten of the visitors have acquired it. They wander into the church and look round aimlessly. They come out on to the village green and photograph each other in a stone armchair, said to be the throne of Attila. They relentlessly tear at the wild roses which one has seen in bud and longed to see in bloom and which for a day have scented the whole island. As soon as they are picked the roses fade and are thrown into the canal. The Americans visit the inn to eat or drink something. The English declare that they can't afford to do this. They take food which they have brought with them into the vineyard and I am sorry to say leave the devil of a mess behind them. Every Thursday Germans come up the towpath, marching as to war, with a Leader. There is a standing order for fifty luncheons at the inn; while they eat the Leader lectures them through a megaphone. After luncheon they march into the cathedral and undergo another lecture. They, at least, know what they are seeing. Then they march back to their boat. They are tidy; they leave no litter.

From *the Water Beetle*, by Nancy Mitford

The tapping continued on the front door and a man's voice could be heard through the door.

Molly went to the center lamp, and her burden was heavy on her. She looked down at the lamp. She looked at the table, and she saw the big scissors lying beside her knitting. She picked them up wonderingly by the blades. The blades slipped through her fingers until she held the long shears and she was holding them like a knife, and her eyes were horrified. She looked down into the lamp and the light flooded up in her face. Slowly she raised the shears and placed them inside her dress.

The tapping continued on the door. She heard the voice calling to her. She leaned over the lamp for a moment and then suddenly she blew out the light. The room was dark except for a spot of red that came from the coal stove. She opened the door. Her voice was strained and sweet. She called, "I'm coming, Lieutenant, I'm coming!"

From *The Moon is Down*, by John Steinbeck

第十章　汉英笔译概述

我国有着上下五千年的悠久历史和灿烂文化，饱含着中国人的深刻、包容和单纯。通过汉英翻译，就是要把这种辉煌的中华文化和中国人的精神品格介绍给世界友好的人民，让不了解中国的人了解中国，让一个"富强、民主、文明、和谐"的中国屹立于世界民族之林，让伟大的中国文化在世界文化与历史的长河中闪耀灿烂文明。

10.1　汉英笔译的单位与标准

著名翻译理论学家巴尔胡达罗夫在《语言与翻译》一书中给翻译单位下的定义是"翻译单位是指在原作中存在而在译作中能够找到对应物的单位，而其组成部分分开来看在译文中并没有对应物。换言之，翻译单位就是源语在目的语中具备对应物最小的（最低限度的）语言单位。"在语言学中，通常认为最小的翻译单位是词素，但是在翻译实践中，词素作为翻译单位的情况却极为少见。现代语言学把翻译单位按照语言等级体系划分为6个层次——音素（书面语为字位层）、词素、词、词组、句子、话语。翻译单位可以是上述中的任意一种，在翻译的过程中，翻译单位的层次处于不断变化之中，因此译者要不断寻找合适的翻译单位。

著名翻译家彼得·纽马克认为，翻译单位是"the minimal stretch of language that has to be translated together, as one unit"（需要作为一个单位而做整体处理的最小语言片段）。从定义来看，纽马克主张翻译单位不宜过长，也不宜过短，以句子为翻译单位则更为合适。从意义上讲，句子"能够表示一个完整意思"，从功能上讲，句子"表示陈述、疑问、祈使、感叹等语气"，从形态上讲，句子末端有句号、问号或感叹号为标志。这些都是句子在层级上高于词和词组之处。况且，汉语的词类和词义，只能从所在句子中才能推导出来。对初学者来说，句子是较为理想的翻译单位。

10.1.1　汉英笔译的单位

从翻译实践和翻译理论可知，逐词翻译经常以词作为翻译单位，层次偏低，往往会歪曲原意或不符合目的语的规范。如果以句子为单位，那么汉语句子又往往是由多个小句构成的，以逗号作为分隔符，句子往往较长，难以处理。汉语句式和英语句式也有很大区别，汉语句式除了从结构上划分的单句和复句，还有一些较为特别的句子，如主谓句、非主谓句、流水句、主题句等，有散句，也有对偶句、排比句、顶真句、回环句等整句。汉语句式分类规则不同，种类也多样，句式灵活多变。相对来说，英语句式分类简单明了，如涵盖7大基本句型的简单句和只有并列、从属两种关系的复合句。必须注意的是，汉语句子只是语义相对完整的一个单位，它与相邻句子之间必然存在语义上的关联，这种关联以显性或隐性的方式衔接在一起，随着语义的发展延伸组成句群、段落，直至生成篇章。对一个句子功能和意义的正确理解与贴切表达，有赖于对相邻句子乃至篇章其他句子语义的理解与表达。孤立地翻译句子而忽视句子之间的关系是不可取的。因此汉英笔译行之有效的方法是：把词组或小句作为翻译单位，适当考虑词的对应，以一个完整的意义为单位，同时在句子外部考虑句际关系的协调，句群的衔接，话语的连贯和风格的统一。如：

①常见许多青年的朋友，②聪明用功，③成绩优异，④而语文程度不足以达意，⑤甚至写一封信亦难得通顺，⑥问其故则曰其兴趣不在语文方面。

——梁实秋《学问与趣味》

译文1：①I have come across a great many young friends, ②bright and diligent, ③do exceedingly well in studies, ④but they are rather weak in Chinese, ⑤even can't write a smooth Chinese letter. ⑥When asked why, they'll say they are not interested in Chinese.

译文2：I have come across a great many bright and diligent young friends who have done exceedingly well in their studies, but are rather weak in Chinese. They cannot even write a letter in correct Chinese. When I asked them why, they said they were not interested in the Chinese language.

译文1以小句为单位，但是忽略了英语句子必有主语这一根本要素，仍旧照搬汉语的句式结构，导致单个句子不合语法规则，句与句之间没有逻辑衔接。可见，汉英笔译的单位不可简单以标点区分，既不可过小，也不可过大，一定要考虑整体结构。译文2将②译成形容词作前置定语放进①中，将③和④合并为一个并列句作后置定语成为一个完整的句子。将⑤译成一个完整的单句。将⑥扩展为复合句，增加when引导的状语从句，补充了原文省略的主语。该译文充分考虑到了汉语小句之间的隐形逻辑联系，将汉语的一个句子用英语的三个句子展现出来，增加了逻辑连词，体现了原句中的逻辑衔接，是地道的英语表达。

10.1.2 汉英笔译的标准

"忠实"与"通顺"是翻译最基本的两重标准。从翻译的过程来看，理解是翻译的基础、表达的前提，对原作理解透彻，才有可能做到"忠实"；译作的表达尽量贴近原作的风格，同时符合目的语的行文习惯，才有可能做到"通顺"。

忠实与通顺是相辅相成的。忠实是通顺的基础，通顺是忠实的保证；忠实而不通顺，读者看不懂，通顺而不忠实，脱离了原作的内容与风格。不忠实于原文而片面追求译文的通顺，则译文就失去自身的价值，成为无源之水，无本之木，也就不成译文了。但是，不通顺的译文，使读者感到别扭，也必然影响对原文的准确表达，因而也就谈不上忠实了。可见，忠实与通顺是对立的统一，两者的关系反映了内容与形式的一致性。所以，我们说，忠实是译文质量的基础，而通顺则是译文质量的保证。要做到忠实、通顺，译者必须对原作有透彻的理解,然后把所理解的内容用另一种语言确切地表达出来。因此,译者在翻译的过程中,必须把"忠实"放在第一位,同时要做到通顺、易懂。

汉英笔译在某种程度上也是英语写作,因此,首先,译文在语法上必须是正确的,要确保译文中的每句英语都是"合法的",包括时态、语态、人称、数、格的一致等,这是一个最基本的要求;其次,表意要清楚,也就是每个单词的选择都是恰当的,最能体现原文意思;最后,还要兼顾句子的衔接和语义的连贯,使译文通顺流畅。

最后,汉英笔译还应牢记KISS原则:Keep it Simple but not Stupid.如果照搬原文结构和字词表达,译文往往会拖泥带水,冗长复杂,甚至语义不清,导致思维短路,逻辑失控,语言正确,翻译失败。在汉英翻译过程中,如果可以用一个单词翻译原文,就不要考虑使用词组,能用词组就不用短语,能用短语不用从句,能用从句就不用单句,能用单句就尽量不用复合句。这对汉英笔译的初学者来说也不失为一个促使自己译文达到简洁要求的好方法。

10.2 汉英笔译对译者的要求

做好汉英笔译,不仅需要学习者具有扎实的英文功底,还要随时应对汉语思维方式对英语表述产生的负迁移作用。总体来说,汉英笔译学习者需要具备以下素养。

10.2.1 良好的语感及悟性

良好的语感是指对语言的感知力,尤其是对英汉两种语言的认识和体会,熟知两种语言的差异,熟知两种文化,对语言具有较强的体悟能力和敏感性。

10.2.1.1 语法意识

译者需要牢固掌握英语语法规则,对汉英两种语言语法差异有明确的意识,用英语表达时,能处处有意遵循语法规范,避免诸如时态、语态、主谓一致、非谓语/谓语动词、名词单复数、冠词乃至拼写、大小写和标点符号的错误。我们在大量的汉译英练习中发现,"语法意识"不强、语法错误率高,是译文质量不理想最主要的原因之一。例如:

他发现前人研究地理的记载有许多不很可靠的地方。

He found there were many unreliable points in the ①geography record ②which be searched by ③the people before.

该译文中①②③处均有错误。①处作为修饰语,应选用形容词geographic,而不是名词geography,而record一词则应以复数形式records出现,它们均属语法错误。②处,be的用法有误,动词search与先行词geographic records搭配不合逻辑。③处所选词语表意不贴切。译文可改为:

He found there were many unreliable points in the geographic records kept by his predecessors.

10.2.1.2 惯用法意识

"惯用法意识"表现在学习者了解、熟悉，并处处有意遵循英语的习惯用法，包括动词用法，动词和其他词语的搭配用法——如动词与名词搭配，动词与介词搭配或动词与副词搭配，习语的用法，英语词汇中丰富的地道表达等。良好的"惯用法意识"，也是影响译文质量的主要原因之一。比较以下句子画线部分的英译：

一天，邻居王二婶不小心把钥匙锁在了家里，<u>很多热心人都前来帮忙，但都无济于事。人们找到了他，但被他拒绝了。</u>

译文1：Many warm-hearted people came to help, but without any result. People wanted him to help, however, he refused them.

译文2：Many warm-hearted neighbors came, but they could do nothing for her. So they turned to him for help, yet met with his refusal.

从语法来看，译文1除了but without any result部分，别处似乎说不上有什么问题。but是连词，后面应该连接一个表示转折关系的分句，译文1在此处语法有误；译文2将此部分扩展成一个句子，便符合了语言规范。就表达效果而言，译文2显然优于译文1。除了语法正确，两个动词短语turn to sb. for help和meet with很出彩，它们使语言自然地道，表现力更强。此外，连词so的添加，也挑明了原文隐含的因果关系，起到了衔接语篇的作用，体现了译者对汉英句法差异的深入理解。两个译文的优劣反映了译者"惯用法意识"以及语言表达能力的强弱。

同样，在翻译俗语"摸着石头过河"时，我们需要考虑：怎么过？是crossing by boat还是wading across？过的什么河？是river，brook 还是stream？怎么摸？是feel还是 touch？摸什么样的石头？rock, stone还是 pebble？应该用直译还是意译？有没有相对应的英语惯用表达？经过这一系列思考后，我们可以写出如下译文：wading across the stream by feeling the way. 同时，也可以直接用英语的惯用法learning by experiment / by trial and error替换这一表达。再如：

我攒了一大堆脏衣服，等着周末来洗。

译文1：I have accumulated a large amount of dirty clothes. I'm going to wash them at the weekend.

译文2：I have a lot of laundry to catch up at the weekend.

译文1没有考虑到英语的惯用法，英语中的accumulate有主动的、积极的意思，而原句中的"攒"并无此意，这里的"攒"有着被动的含义，重在表明一种状态，而不是动作，"等着周末"，周末并不是等待的对象，而是时间状语。因此，译文1虽然语法正确，但是语义有问题，译文无法让读者正确理解；译文2摆脱原文的结构和字词影响，在正确理解语义的基础上，采用了地道的英语表述，是正确的译文。

10.2.2 关注语境

语境是正确理解意义的前提，语境所指的范围很广，包括文化语境、情景语境和社会语境。短语"退耕还林"，只有四个字，但是每个字的含义都不局限于字面意思，这个短语的正确理解必须考虑到当时的社会语境，而不能简单地译成"return farmland to forest"（把耕地还给森林），耕地和森林作为土地的两种形态，它们是并列关系，不是包含关系。考虑到当时的社会背景，此处的"耕"指的是在毁林造田运动中，通过砍伐树林，把原来的林地变成了耕地，所以此处的"耕"应是"woodland-converted-farm-plots"，后来意识到这样的做法是对生态环境的极大破坏，又将这些耕地恢复成林地，重新造林，综合以上思考，译文应该是：To restore "woodland-converted-farm-plots" back for afforesting. 结合句子的结构，此处的"林"译成动名词"afforesting"更加贴合植树造林的原意。

再如，下文中的画线部分，有四种译法。

<u>还是从火车上说起吧！</u>大约在我四岁多的时候，我坐过火车。当时带我坐火车的人，是我的舅舅，叫张全斌。

译文1：Let's begin with the train.

译文2：Let's start from the train.

译文3：Let's begin from the time when I was on the train.

译文4：Let me begin with my trip on the train.

结合上下文，我们知道，作者不是在谈论火车（1/2），也不是从上火车那一刻开始谈（3），更不是和听者一起谈（1/2/3），实际上是从作者在火车上的经历开始谈他的人生经历，由此分析，最后一个译文才是正确的。

10.2.3 目标意识

"目标意识"指的是任何译者在翻译的过程中不仅要对原文进行多角度、多层次、多层面的了解，还要考虑如何将作品用适当的词语呈现于有着不同的语言背景、文化背景和修养的读者面前。使读者获取原文信息，体会原文风格，这是翻译至关重要的目的之一。从根本上说，译者是为不懂源语的读者服务的，在翻译过程中要时刻站在目标读者的角度思考。例如，汉语文本中的常用人称代词"我们"来指中国人，用"我国"来指中国，这在中国人眼中没有任何问题，但是换个角度思考，站在英语读者角度，此时的"we"和"our country"无疑会为读者带来一些困惑，这是我们汉英笔译需要注意的地方。如：她的英语说得真好，就像外国人一样。译成She speaks English as well as a foreigner.站在英语读者的立场来看，她的英语到底说得好还是不好呢？foreigner说一门外语肯定没有native说得好。可见，有了目标意识，此处"外国人"的正确理解应该指native people。所以正确的译文应该是：She speaks English as well as a native speaker.

此外，我国常用的计量单位，如亩、斤、两、厘等，在英译的时候也有必要把它们转换成国际标准单位。同样，在翻译我国历史上的朝代时，考虑到很多英语读者对我国历史上众多的朝代并不十分了解，为便于读者理解，还应该在朝代后面标注公元纪年。如：the Tang Dynasty(A.D.618—907)。

10.2.4　文化意识

翻译不仅是两种不同语言之间的转换，也是两种不同文化之间的交流，翻译的目的就是促进不同民族和文化之间的交流。学习翻译，也是学习不同文化的过程。学习汉英笔译，需要我们熟知中外的历史典故、风土人情和文化习俗等。

如：我现在对我原来的父母还有个模糊不清的印象……关于我个人的历史情况，我就知道这一些，再多一点都记不起来了。

This is what I know about my childhood and beyond that I do not remember much else.

"个人历史情况"是汉语中常见的表达，其实所指很具体，一般指自己的童年生活，早期的生活经历。就如同"个人问题"并不是什么"personal problem"而是指个人的婚姻状况，是否成家等。这些在英语读者看来似乎涉及隐私的表述，在我们中国文化中却是一种很平常的问候，体现的是人际关系的熟络与和谐，是熟人社会特有的一种表现。

再如，西安大雁塔、北海公园白塔、东方明珠电视塔，都是"塔"，但英译并不完全一样。因为西安大雁塔是佛塔，所以译成pagoda，而北海公园白塔是藏传佛教的舍利塔，所以是dagoba，而电视塔则是没有什么独特文化含义的，就用普通的tower。

我们中国文化反对的个人主义，其本质是一种自私自利、以个人为中心的行为，翻译的时候，就不能盲目译成individualism，因为这个词本身在英语中并没有贬义的感情色彩，它强调的是对个体的尊重，译成self-centered behavior或者egoism才更确切，不会引起误解。同样的原因，"自由主义"也不能简单译成liberalism而是behavior in disregard of the rules，一种无组织、无纪律的行为。近年来，为了更好地对外宣传，考虑到不同文化的接受程度有所不同，一些意识形态色彩过于明显的翻译也逐渐改用一些中性表达，如"干部"一词由过去政治色彩较浓的cadre改成了现在国际通用的official，党员干部：Party official，政府官员：government official，"群众"由原来的masses改成现在的people 或public，团结动员群众：uniting and mobilizing the people。汉语中的"宣传"的意思是向大众讲解说明、进行教育，而英语中看似对应的propaganda一词具有"欺骗性的宣传"这一贬义，为了避免造成误解，用communicate或者popularize来翻译"宣传"更为贴切。宣传党的主张：communicating the Party's propositions等。

10.2.5　工匠精神

翻译是一项技能，技能的获得不能只停留在理论层面，还需要大量的实践，作为译者必须要有工匠精神，不停打磨自己的作品，直到完美。只有更好，没有最好，不断精进自己的技能。

我国初次提出"一带一路"概念时，普遍接受的译文是the Silk Road Economic Belt and the 21st Century Maritime Silk Road，译文完整但是稍显拖沓，随着这个概念逐渐深入人心，译文也有所精简，变成：Land & Maritime Silk Road Strategy，但是在传播过程中，我们又发现一些问题：Strategy这个单词有较强的军事意义，会引发不好的联想，甚至一些误会，随后把Strategy换成Initiative，最后，为了便于陈述和传播，又先后经历了"One Belt and One Road" Initiative，Land & Maritime Silk Road Initiative，New Silk Road Initiative的译文，最后确定为朗朗上口便于记忆的"Belt and Road Initiative"，这一遍遍的修改就是工匠精神的体现。

10.2.6 职业道德

《翻译工作者章程》是由国际翻译工作者联合会（下简称为国际译联）于1963年9月6日在南斯拉夫杜布罗夫尼克通过，并于1994年7月9日在挪威奥斯陆修正的文件。尽管中国翻译协会有自己的章程，我国的翻译工作者有自己的特殊条件，但这一文件中的许多内容，包括所列翻译工作者的义务和权利，对我们仍有一定的参考价值。

国际译联注意到翻译工作已发展为当今世界一项普遍存在的必不可少的永久性活动；它使国与国之间的思想和物质交流成为可能，进而丰富了人民的生活，促进了人与人之间的相互了解；尽管在各种情况下都运用翻译，但翻译本身应作为一种有自己特色的独立的职业而得到承认；国际译联希望以正式文件的形式规定一些与翻译工作密切相关的普遍原则，特别是为了：

——强调翻译的社会功能；
——规定翻译工作者的权利和义务；
——规定翻译工作者的基本职业道德规范；
——改善翻译工作者的经济状况及其工作的社会环境；
——向翻译工作者及其职业性组织推荐一些行为准则；并由此推动社会承认翻译是一种有特色的独立的职业。

翻译不仅仅是一种语言活动，它更是人类精神、文化交流的一种实践。对任何读者来说，只要译文能忠实地再现原作信息，读来简明流畅，并在最大限度上保留原文的神韵，便是他们最欢迎的译作；当然，译者必须认真考虑各种语体、语言特征以及如何使译文语体与原文相符，尽一切努力把不合作者和信息原意的主观因素限制到最低点，最大程度上准确地表达出原文的信息、意境，更好地在作者与读者之间架起一座沟通的桥梁。

练习十

一、按照本章所讲的内容对以下句子的译文进行适当修改，使之更加符合英语的阅读习惯和表达习惯。

1. 桌上放着好些东西。

There are a lot of things lying on the table.

2. 路不远，咱们走着去吧。

It's quite near，let's go there on foot.

3. 他老低着头走路。

He always walks with his head bent down.

4. 他正忙着准备考试。

He is busy preparing for the examination just now.

5. 她想着想着笑了起来。

She thought and thought and then burst out laughing.

6. 那条路难走着呢。

The going is very hard over that road.

7. 他这才知道锻炼身体的好处。

Only now does he see the good of taking exercises.

8. 把针脚缝得密一些。

Make your stitches closer together.

9. 斟酌情况做适当调整。

Make appropriate adjustments according to the circumstances.

10 随着机械化的发展，农业生产蒸蒸日上。

With the development of mechanization, agriculture is flourishing.

11. 对这个问题，他有一整套看法。

He has a lot of views of his own on this matter.

12. 忠诚于教育事业。

Be devoted to the education task.

13. 必须注意团结一切可以团结的人。

Care must be taken to unite with all those who we can unite with.

14. 一下子来了那么多人吃饭，炊事员怕抓挠不过来吧。

With so many people here all of a sudden for a meal, I wonder how the cook can hustle them up something to eat.

15. 恣意践踏。

Willfully trample on.

16. 我先去厨房通知一声，免得临时手忙脚乱。

I'm going to the kitchen to warn them so that they will not have to rush about at the last moment.

17. 他在我手下工作，就要听我的。

He has to listen to me since he is working under me.

18. 我们常说，道路是曲折的，前途是光明的。

As we have often said, although the road ahead is tortuous, the future is bright.

19. 在游行中，学生们高喊"反对饥饿""反对内战"的口号。

As they marched, the students shouted the slogans "Oppose hunger" and "Oppose civil war".

20. 与发达国家相比,中国的人均国民收入仍然很低。

Compared with the developed countries, China's per capita national income is still very low.

21. 在进一步深化改革和加快经济发展步伐的同时,努力构建廉洁诚信的政府。While deepening reform and quickening the pace of economic development, efforts to build a clean and honest government should be strengthened.

22. 他指出,作为一个拥有1.2亿多人口的发展中国家,中国的水利资源仍然不能满足日益增长的需求。

As a developing country with more than 1.2 billion people, he noted, China's hydrocarbon resources will not be able to meet the fast-growing demand.

二、短文翻译。

出名的芦荟

在家里养的花中,芦荟因不开花,一直默默无闻,自惭形秽。可是,有一天晚上,电视里播放的一个广告,一下子使芦荟出了名,家喻户晓。广告小姐介绍说:"芦荟洗面奶,蕴含天然芦荟精素,清洁肌肤,去除表皮老化细胞,会使您的容颜清爽滋润、亮丽光洁。"

芦荟骄傲地对身边的月季、仙客来说:"听见了吧,我才真有内在美,你们只不过美在外表、美在脸蛋上罢了。啊,谢天谢地,我的价值终于被人发现了、重视了,我可以扬眉吐气了!"然而,芦荟正沾沾自喜地炫耀着,她突然"哎呀"一声叫起来。只见芦荟的一片叶瓣被房里的女主人用剪刀剪断,她把剪下来的肥厚叶片,从中间剪开,然后将其透明、粘稠的汁液往脸上涂抹……

从此,芦荟每天都要承受被女主人"肢解"的痛苦。

第十一章　汉语词语的英译

　　汉语词类的划分主要依据词义，即词义的实与虚、动与静、具体与抽象等。英语的词类划分依据是语法，词类与句子成分有严格的对应关系，词义倒在其次。
　　汉英词类名同实异，同名异质的情况很常见。名词、动词、形容词在英汉两种语言中都是常见的词类。但是，汉语没有冠词，英语没有量词，汉语中的副词为虚词且少，英语中的副词为实词且多，汉语中的介词少，仅30个左右，但是英语中的介词多，介词短语数不胜数。因此，按照词类进行翻译在很多情况下是行不通的，还要综合考虑多种要素才可以正确地选择词义。

11.1　词义的选择

　　一个词，在特定的语言环境中是某个意思，在新的环境中由于地方、环境、条件变了，意思也随之改变，表达也就不同了；再加上人的社会身份不同，接受的教育程度不同，词汇也会不断地产生新的用法。因此，在选择词义时应以上下文为参照系统，词句之间的相互关系基本可以决定词语的具体意义。在表达时，需要认真辨析英语中近义词的细微区别，分析词语搭配，选择准确的词语。具体来讲，词义的选择主要受以下要素影响。

11.1.1　词义的指称

　　在汉译英的过程中，我们要明确的是汉语字词的指称意义不完全等同于"字面意义"，也不完全等同于"词典意义"。一个汉语词汇可以对应多个英语词汇，并不是"从一而终"的。如以下例句中的"是"字，因为在句子中的位置不同，其词类和词义也不同。

　　1. 他是我父亲。

He is my father.

　　2. 这姑娘是漂亮。

The girl is really beautiful.

　　3. 此人是书就读。

This man reads every book he can reach.

　　4. 是可忍，孰不可忍？

If this can be tolerated, what cannot?

　　5. 是古非今。

Praise the past to condemn the present.

1句中的"是"作为常见动词，译为英语的系动词"is"；2句中的"是"实为强调性的副词，译为"really"；3句中的"是"根据语境转换成定语从句表示强调；4句中的"是"化身为代词"this"；5句中的"是"又变成了动词"praise"。再如：

南京的风俗：但凡新媳妇进门，三日就要到厨下收拾一样菜，发个利市。这菜一定是鱼，取"富贵有余"的意思。

在这个句子中，"新媳妇"不能按照字面理解成"new-daughter-in-law"，"菜"不是"vegetable"，"三日"也不是"three days"，原文的意思是，刚结婚的新娘，在新婚的第三天，要做一道以鱼为主的菜，讨个吉利。译文如下：

The custom in Nanjing is for all brides to invite good luck by going to the kitchen on the third day and cooking a fish, which stands for fortune.

11.1.2 词义的引申

词义的引申主要指词语内含的情感和联想意义，主要体现在词语的修辞色彩、文体特征、文化内涵等方面。词典里的释义并不能涵盖词语的所有引申意义。但是，一般来说，引申意义的多少与词典的大小还是成正比的。在很多情况下，译者需要在其核心意思的基础上合理引申，最后选出最精准的表达。这类情况在成语、谚语、歇后语等国俗词语的翻译中比较常见。翻译时应在不影响指称意义传达的前提下尽可能在译文中反映出原文独特的文化信息和审美价值。如以下句子的画线部分，由于原句中的表达都很形象，而且有的表达已经深入人心、约定俗成了，译文中基本保留了原意和引申义。

1. 他是个纸老虎。

He is a paper tiger.

2. 咱们俩的事，一条绳上拴着两只蚂蚱——谁也跑不了！

We're like two grasshoppers tied to one cord, neither can get away!

3. 去设埋伏我们都没有信心，想他一定在昨天晚上就早溜了，今天去也是盲人点灯白费蜡。

We had no confidence in today's ambush because we were sure he had escaped last night. It seemed as useless as a blind man lighting a candle.

11.1.3 词义的概括与具体

根据词义的范畴大小，英汉两种语言中都有上义词和下义词。上义词（general word）又叫泛指词或概括词，这类词语语义空、泛、抽象，其所指或含义需借助上下文推断。由于这种词的所指需依赖上下文，因此它们和指示代词及人称代词一样，具有所指性，可以构成篇章的整体语义结构和逻辑框架，创建语篇连贯。上义词的数量多，使用普遍。下义词（specific word）又称具体词，词义具体，指代明确，分类细致，适用范围较窄，仅限在特定语境下使用。如：英语中的problem, situation, concern, group, plan, scheme, practice, move, operation, endeavor等是较抽象的上义词；do是许多具体动词的上义词。不舒服是上义词，而具体的症状，如头疼、牙疼……则是下义词；唱歌是上义词，美声、民族、哼唱、独唱则是下义词；哭是上义词，大哭、笑哭、笑中带泪、抽泣、呜咽、恸哭则是下义词。下面例句中的"茶花"是上义词，各种形象生动的品种名称则是下义词。

普之仁领着我穿着茶花走，指点着告诉我这叫大玛瑙，那叫雪狮子，这是蝶翅，那是大紫袍，名目花色多得很。后来他攀着一株茶树的小干枝说："这叫童子面，花期迟，刚打着朵，开起来颜色深红，倒是最好看的。"（杨朔《茶花赋》）

翻译下义词的时候要体现细节，茶花的品种虽然都是专有名词，但是根据文体需要，品种名称既不宜用专业术语，也不宜直接用拼音翻译。结合茶花品种的细节，需要保留其特征，同时，还需大写首字母从形式上体现专有名词的形式特点。参考译文如下：

Taking me through the groves of camellias, Pu Zhiren told me the names of different varieties: Giant Agate, Snow Lion, Butterfly Wing, Giant Purple Robe and many others. Then, taking hold of a small branch of a camellia tree, he said, "This is Baby Face. As it blooms late, it's only just in bud. With deep red blossoms, it's really most beautiful."

11.1.4　词义的褒贬

词义的褒贬主要指词语所带的感情色彩。同一表达，感情色彩不同，翻译时选用的词语也不同。汉语中同样是表达"死"，就有贬义的"完蛋了""翘辫子"和褒义的"牺牲""马革裹尸""溘然长逝"以及"去世""不在了"等一些中性表述。对于译者来说，只有认识词语的褒贬，才能保证选词不会出错。如：

1. 他热衷于个人名利。（贬）

He is always hankering after personal fame and gains.

2. 她热衷于花样滑冰。（褒）

She is fond of figure skating.

在句1中，热衷于追名逐利是带有贬义色彩的词，因此选用带有贬义色彩的单词hanker，而在句2中，热衷于滑冰则是褒义或者中性的表达，因此需要选用be fond of。

由于心理文化和社会背景的差异，汉语中的"个人主义""唯心主义"和"自由主义"都具有较强的贬义色彩，而在英美文化中，其相对应的individualism, idealism以及liberalism并不具有贬义，liberalism甚至带有明显的褒义，在翻译这类词语时，译者应灵活地借助加注法、增益法等翻译技巧，将原词中的褒贬色彩准确地传递到译文中去。

11.1.5　词语的搭配

在汉译英的过程中，同一个汉语词语和不同的词语搭配，会引起词义和词性的变化，其词义需要根据语境等要素来确定。如中国丰富的饮食文化造就了一系列以"吃"为主要动词的短语。

吃饱了撑的　be restless from overeating; to have so much surplus energy as to do something senseless

吃不了，兜着走　get more than one bargained for; to land oneself in serious trouble

吃大锅饭 to eat from the same big pot—get the same pay whether one works hard or does not work at all; to practice egalitarianism regardless of work

吃独食 have things all to oneself; to refuse to share with others

吃皇粮 receive salaries, subsidies, or other support from the government

吃里爬外 eat someone's food and cater to his enemy; to live on one person while secretly serving another; to betray one's own side

吃软不吃硬 be susceptible to persuasion rather than coercion

吃小灶 to eat at a small mess where better food is prepared and served for a restricted number of diners—enjoy special privilege

吃豆腐 to dally with a woman; to flirt

吃闭门羹 be refused

这些短语的翻译，并没有全部以"eat"或"have"的形式出现，而是根据语义采用不同的动词，或者加上解释。又如，同样是"问题"，但是在不同的搭配里就会选用不同的单词。

共同关心的问题 questions of common interest

解决问题 solve a problem

问题的关键 the heart/point of the matter

关键问题 a key problem/point

原则问题 a question/ matter of principle

悬而未决的问题 an suspending issue

没有什么问题。No problem.

摩托车有点问题。Something is wrong with the motorcycle.

问题不在这里。That is not the point.

最近揭发出相当严重的贪污、受贿和官僚主义问题。

Serious cases of embezzlement, bribery, and bureaucracy have been brought to light recently.

尤其在最后一个例句中，"问题"已具体化为 "embezzlement""bribery"和"bureaucracy"三个下义词。

再以时政翻译中的"文明"一词为例，"文明"一词本身就有多种意思，它可以指一个人的道德礼仪，可以指社会群体文化，可以形容温和不暴力的方式和方法，甚至可以理解为"可持续的"……总之，我们要根据与之搭配的词和在语境中的意思具体处理。

最简单的是"文明、文化"本身的意思，直译为civilization, culture，比如：

1. 吸收人类文明有益成果。

To draw on the achievements of other civilizations.

2. 以文明交流超越文明隔阂、文明互鉴超越文明冲突、文明共存超越文明优越。

In handling relations among civilizations, let us replace estrangement with exchange, clashes with mutual learning, and superiority with coexistence.

3. 促进和而不同、兼收并蓄的文明交流。

To boost cross-cultural exchanges characterized by harmony within diversity, inclusiveness, and mutual learning.

此处可以根据"和而不同""交流"判断出,"文明"是不同文明和文化之间的交流,故译为cross-cultural才是正确的选择。

当"文明素养"这样的词出现时,"文明"侧重"良好文化",比如:

4. 要提高人民的思想觉悟、道德水准、文明素养。

We will help our people raise their political awareness and moral standard and foster appreciation of fine culture.

"文明"可以表示人的礼仪道德水平(etiquette, civility),通常和"群众""社会""人民"等词搭配,如下句。

5. 群众性精神文明创建活动扎实开展。

Initiatives to improve public etiquette and ethical standards have proved successful.

6. 社会文明程度达到新的高度。

Social etiquette and civility are significantly enhanced.

7. 精神文明创建 efforts to raise cultural-ethical standards

8. 提高全社会文明程度 to enhance social etiquette and civility

此时的"社会文明"还可以用 civic-mindedness表示,如下句。

9. 社会文明水平尚需提高。

The level of civic-mindedness needs further improvement.

形容词+minded表示具有某种态度或想法的,比如"严肃认真的"serious-minded,"意志坚强的"tough-minded。"文明"一词如果作为对行为做事方式的修饰,则需要根据被修饰词的属性做调整,如下句。

10. 坚定走生产发展、生活富裕、生态良好的文明发展道路。

We must pursue a model of sustainable development featuring increased production, higher living standards, and healthy ecosystems.

此处的"文明发展"表明这种发展方式是科学的、可持续的,故将"文明"转译为sustainable。

11. 严格规范公正文明执法。

Law is enforced in a strict, procedure-based, impartial and non-abusive way.

此处"文明执法"的意思是这种执法方式合规合理,故译为"non-abusive"(不被滥用的)。在某些语境下,由于侧重的是在某个方面的提升、发展、进步,"文明"一词变成了没有实际意义的搭配词,故而可以不译,如下句。

12. 我国物质文明、政治文明、精神文明、社会文明、生态文明将全面提升。New heights

are reached in every dimension of material, political, cultural and ethical, social, and ecological advancement.

13. 为人类政治文明进步做出充满中国智慧的贡献。

To make China's contribution to the political advancement of mankind.

14. 大力推进生态文明建设。

To devote serious energy to ecological conservation.

11.1.6 词语的语体色彩

词语的语体色彩主要指词语的正式程度，按照不同语体对语言正式程度的不同要求，语体色彩分为5个等级，正式程度依次递增，如下表所示。

语体色彩	亲昵 intimate	随意 casual	协商 consultative	正式 formal	严肃 frozen
常见语境	亲人之间	熟人之间	同事之间	工作场合	法律场景
举例	不得不 must	尽量、最好…… would better	还是吧 Would you mind doing…?	必须 have to wondering that…	务必 have to shall should

准确把握词语的语体色彩，明确是口语还是书面语，在何种情景之下发生，才可以有依据地进行选词工作。

11.2 词语的英译

11.2.1 转类

11.2.1.1 动词转译成名词

较汉语而言，英语句子中的主要动词使用较少，一个句子中通常只有一个谓语动词。相对说来，英语句子中名词的使用频率要比汉语句子中的高。汉译英时常常要把汉语的动词译成英语的名词，相应地，汉语中修饰动词的副词在翻译时也要转换成英语的形容词，以符合语言规范。例如：

1. 你必须好好照顾病人。

You must take good care of the patient.

2. 学习党史就是要感悟马克思主义的真理力量和实践力量。

The study of CPC History will help us to realize the power of Marxism in theory and practice.

在句1中，汉语的动词"照顾"被翻译成了英语的名词"care"，相应地，汉语中的修饰动词"照顾"的副词"好好地"被译成了英语形容词"good"，而在句2中，汉语动词"学习"被转译成名词"study"。

11.2.1.2 动词转换成形容词

在汉语中一些表示知觉、情感等心理状态的动词,在汉英翻译时可以转换成英语的形容词,并且通常多以"系动词be + 形容词……"的结构表达。例如:我为她的健康担忧。I am anxious about her health.汉语的动词"担忧"译成英语的形容词"anxious"。

11.2.1.3 名词转换成动词

汉译英时,经常会把汉语动词转换为英语的名词,但是也存在相反的情况,把汉语的名词转译为英语的动词。与此同时,原来修饰该名词的形容词也相应地转译为英语的副词,作为状语来修饰汉语名词转换成的英语动词。例如:她在一家著名的商店作设计师。She designs for a famous shop. 汉语名词"设计师"译为英语的动词"design"。与汉语相比,英语中用的介词较多,并且有一些英语介词本身是由动词演变而来的,具有动词的特征,因此在汉译英时,有些动词常常可以用英语介词或介词词组来翻译。例如:

他们一不会做工,二不会种地,三不会打仗。

They do not know a thing about factory work, nor about farm work, nor about military affairs. 动词"做工""种地""打仗",都用介词词组"know about"(+名词)来翻译。

11.2.1.4 形容词或副词转译成名词

汉英翻译时,由于语法结构和修辞的需要,也可以把汉语中的一些形容词或副词转译成英语的名词。例如:

朱延年用热情的款待把他的窘态遮盖过去。

Zhu Yannian covered up his embarrassment with the enthusiasm of his hospitality.

原文中的汉语形容词"热情的"被译作英语的抽象名词enthusiasm。

总之,词类转换是汉英翻译中常用的技巧,需要在实践中不断总结和完善。

11.2.2 增译

一些汉语词语,尤其是文化负载词,需要通过增加一些内容使其内涵意义表述清楚。如"书契",主要有两种含义:一指书写于简牍上的文字;二指纸张发明以前用竹木制作的券契或文书凭证,竹木正面用文字记录事项,竹木的一侧刻有一定数量的齿,通常会有两份,由当事双方各执其一,便于将来复验。汉朝以后,简牍书写逐渐退出历史舞台,但作为券契或文书凭证用的竹木书契仍在使用。可见短短的两个汉字所包含的信息还是十分丰富的,通过增译法,该词可译为documents on bamboo or wooden slips,一些汉语的缩略用法如"规上企业",需要通过增加更多具体信息才能使语义完整:industrial enterprises with annual revenue of 20 million Yuan or more from their main business operations。英语短语增补了"规模"的具体标准"年主营业务收入在2000万元以上的"。

11.2.3 省译

省译,就是将原词中不重要的或与表达无关的意义省去不译,确保对应的翻译简洁明了。例如:我们将认真听取各位对我们的工作提出的意见和建议。

这个句子中的"听取""意见和建议"的词语翻译就采用了省略的方法。因为词组之间有重复的语义。再如,"温馨提示"可以省略"温馨",直接译成notification。"老幼病残孕专座"也没有必要把老、幼、病、残、孕这五种状态都翻译出来,用courtesy seats或者seats for special-needs就可以达到目的。汉英词语的翻译,通常省译的有范畴词、重复词语、无实义词语等。

11.3 特殊词语的英译

11.3.1 颜色词的翻译

自然界存在着各种颜色,生活中的万物也常常以其色彩首先进入人们的视觉,可谓触目即"色",无色不成世界。"色彩感觉"是一般美感中最大众化的形式。色彩的存在并不因地域或国度而产生差异,不同语言中都存在着色彩词的共性条件(universals)。但由于历史背景、民族心理、宗教信仰以及文化传统的不同,人们对色彩的感受以及颜色词的使用又难免会有不同,这就产生了语言研究中的个性条件(peculiarities)。然而共性与个性是不可分割的,它们之间是一种对立统一的关系。在比较两种语言时,只有把握了它们的个性才能更深刻地认识两者的共性。

颜色词之多,令人难穷其尽,我们挑选最具代表性的基本颜色词和实物颜色词来探讨颜色词的翻译。基本颜色词,颜色幅度较宽,具有一定的概括性,在交际中使用频率较高。汉语中常见的基本颜色词均可在英语中找到与之相对应的基本颜色词,但它们在指称意义和文化意义上并不完全对等。因为每种颜色都有自己独特的含义和寓意,不同民族的人对色彩的欣赏、反应及联想因受本文化传统的制约也是不同的。为了能更具象地描绘某种色彩,可以用实物的色彩来表示对应的色彩。实物颜色词对色彩的描述更具体,这类词表示的颜色幅度较窄。如《红楼梦》一书中借用事物的表面色来给颜色定名的就有近百种,杨宪益和戴乃迭这二位翻译大师将其中大部分颜色词用对等法译出,既细腻,又准确,令人拍案叫绝。翻译颜色词,一是需要我们"察颜观色",确定颜色词的指称意义,二是需要结合文化背景去思考它们的联想意义,再灵活采用如下方法。

11.3.1.1 对等译法

对等译法也可称为语义完全对应的单平面体系,即两种语言在一个平面上相互对应,而且含义相同。如汉语的"红"与英语中的"red"对应,"黑"与"black"对应。一种语言文化中的物象译成另一种语言后如仍能传达相似的联想寓意,产生相近的审美意境,那便是"文化的通约性"(cultural constant)所致的,而这种不同文化中相通的形象大都是建立在人类生活共同的经验感受基础上的。如"血是红的(red)""煤是黑的(black)""草是绿的(green)""棉花是白的(white)",这些对应的颜色都是建立在地球上人们的共同认知基础上的。

任何一种颜色词都包含着虚和实两种意义:当它作为客观事物色彩的符号时为"实";当人们将它表达出来并带上人的主观情感时为"虚"。翻译时往往将颜色词的"实"意对应译出,而颜色词的"虚"意也就随之在译入语中得到了体现。例如:

春风又绿江南岸,明月何时照我还?(王安石《泊船瓜洲》)
Spring wind of itself turns the south shore green, but what bright moon will light me home? (Tr. Burton Watson)

例句中的"绿"用在诗句里取得了特别新鲜的诗情效果,它既刻画出春风吹拂时那种轻曼温柔的动感(意觉),又描绘出初春江南那明媚动人的春光(视觉);生动地表达了蕴藏在诗人内心极为深沉迫切的恋家思归之情:春风已经捷足先登,吹进了江南的家园,而我却不能!这样一个绝妙的"绿"字,对应译成 turn…green结构,既忠实原诗的意境,又符合西方人的审美情趣。在西方文化中,绿色也象征春天和生命。圣诞节时家家户户都在家中摆放一棵常青的圣诞树,预示着冬去春来。这与拜伦诗句"Vernal breezes green the Thames with a kiss"(春风一吻泰河绿),意境恰相仿,有异曲同工之妙。

11.3.1.2 改换颜色词

由于生活环境和生活习惯的差异,会出现颜色的所指并不对应的情况,我们需要具体问题具体分析。有些汉语颜色词和对应的英语颜色词所指在颜色幅度上有部分差距,根据习惯用法,会相应改变颜色词,或者使用非基本颜色词。如:白头发(gray hair),红糖(brown sugar),红茶(black tea),苍白(pale),青一块紫一块(black and blue)。基本颜色词拥有大量的同义词或近义词。如英语中的red近义词有200种之多,常见的有:crimson(深红),cardinal(深红),scarlet(腥红),vermilion(朱红),rubious(深红),pink(粉红),bloody(血红),ruddy(微红色)……但是汉语红色的近义词却只有40多个,且多为"修饰语+红"这样的表达,所以翻译这些各式各样"红"的时候,往往可以选用一个全新的词,或者直接使用实物颜色词,而不是用"修饰语(deep/shallow)+red"这样的复合词。如:

他身材增加了一倍;先前的紫色的圆脸,已经变作灰黄,而且加上了很深的皱纹……
He had grown to twice his former size. His round face, crimson before, had become sallow and acquired deep lines and wrinkles…

"紫色"和"灰黄"在原文中修饰的都是闰土的脸,两个颜色词在蕴含意义上的差异凸显了闰土与作者阔别二十年间生活上的巨大变化。"紫色"是少年闰土长期在户外风吹日晒后酱红的肤色,"灰黄"则刻画出中年闰土的满脸沧桑与愁苦。purple face在英语中多指醉酒、恼怒时的面色,而 crimson 多用来修饰害羞时脸上的红晕,也可形容长期在户外运动或劳作导致的双颊泛红。sallow 多用来形容面色,意为slightly yellow and unhealthy,与"灰黄"的蕴含意义吻合。

11.3.1.3 增减颜色词

这种方法主要用于有文化内涵的颜色词翻译。透过词语的表层意义，把握住其文化含义或象征意义，而不拘泥于原来的颜色，根据需要增加原词没有的颜色或删减原词中的色彩。

例如，按中国古代历法家的迷信说法，"黄道日"是"吉日"，"黑道日"是"凶日"。因为在中国传统文化中，黄色乃帝王之色，人们以黄色为尊。而传说中的阴曹地府暗无天日，所以黑色象征死亡、邪恶与不吉利。这与英语中黄色和黑色的所指意义相距颇大，不宜以其"实"色直译，而宜译出其深层含义。"黄道日"译成lucky days，"黑道日"译成unlucky days。

还有很多类似的短语：红白喜事（weddings & funerals），红得发紫（enjoying great popularity），白条（IOU），黄粱美梦（pipe dream），眼圈红了（moist）。

一些科技术语在汉英互译时会相反，用颜色来表示物质的主要特征，如牛皮纸（brown paper），糙米（brown rice），温室（greenhouse）等。

11.3.2 国俗词语的翻译

国俗词语是指具有国俗语义的词语。国俗语义是指在词汇的概念意义上添加历史文化、民情风俗、地理环境等文化色彩的语义。国俗语义是语义民族性的表现，它客观地反映了使用该语言的国家的历史文化和民情风俗，具有民族文化特色。有的学者称之为文化负载词。主要包括成语（set phrases usu. composed of 4 characters）、惯用语（idioms）、俗语（sayings）、谚语（proverbs）、歇后语（two-part allegorical sayings）等。其主要特点是在其他语言中没有相对应的等值词语，即出现"词汇空缺"和"词汇冲突"的现象。

汉语国俗词语的翻译应以"异化"策略为主，尽量保留"原汁原味"；以"归化"为辅，语言简练明白，确保英语读者可理解、可接受，两者相辅相成，缺一不可。不过，在进行异化翻译的时候，要注意区分Chinglish（中式英语）和Chinese English（中国英语），前者违背了一些英文语法规范，如语法错误、修辞错误、不合习惯用法、语义逻辑错误等，从而导致意欲表达的意思走样；而后者则是在遵守英语语言规则的前提下保持了一种中国文化特色。事实上，一些"中国英语"词汇如paper tiger（纸老虎）、long time no see（好久不见）等早已被英美人士所接受。总的说来，翻译国俗词语要结合语境把握好"形象性"和"简练性"原则。

在不违背译文语言规范、不引起译文读者错误理解的情况下，在译文中保留原文成语的形象、修辞手段和民族特色的直译法仍然是翻译国俗词语的首选。如：

滴水穿石 constant dropping wears the stone

混水摸鱼 to fish in troubled water

合抱之木，生于毫末 great oaks from little acorns grow

火上浇油　to pour oil on the flame
得寸进尺　give somebody an inch and he'll take an mile
才穷智尽　to be at one's wit's end
千钧一发　to hang by a thread
趁热打铁　strike while the iron is hot
隔墙有耳　walls have ears

受汉语思维影响，汉语中有很多成语是用具象的事物来表示抽象的概念，翻译这些具体的意象不仅会使译文冗长，而且有可能无法译出词语实际要表达的意义。这种情况只需要译出短语的实际意义即可。如：

眉飞色舞

The eyebrows are flying and his countenance is dancing　　×

to beam with joy　　√

粗枝大叶

with big branches and broad leaves　　×

to be crude and careless　　√

无孔不入

to get into every hole　　×

to take advantage of every weakness　　√

扬眉吐气

to raise the eyebrow and let out a breath　　×

to feel proud and elated　　√

有些习语在英语中有类似表达，那就可以直接使用替换法。如：

竭泽而渔　to kill the goose that lays the golden eggs
打草惊蛇　to wake a sleeping dog
易如反掌　as easy as falling off a log
骑虎难下　to hold a wolf by the ears
天下没有不散的宴席　the longest day must have an end
瓮中捉鳖　to be like a rat in the hole
人不可貌相，海水不可斗量　don't judge a tree by its bark
抓到篮里便是菜　all is fish that comes to one's net
养虎为患　to cherish a snake in one's bosom

出于语音修辞的角度，有些成语由两个同义词并列组成。翻译时，无须把这两个词都完整译出。如：

能工巧匠　the skilled craftsman
称兄道弟　to call each other brothers

赤手空拳　to be bare-handed
自吹自擂　to blow one's own trumpets
心慈手软　soft-hearted
安家落户　to make one's home
抛头露面　to make one's own appearance
愁眉苦脸　to pull on a long face

相反，有些含有典故、隐喻的表达，在翻译时则需要采用增添法，对难以理解的典故文化进行适当解释。如：

树倒猢狲散

once the tree falls, the monkeys on it will flee helter-shelter

借香敬佛

borrowing joss-sticks from a neighbor and burning them before Buddha for your own sake

惊弓之鸟

a bird startled by the mere twang of a bow-string

螳螂捕蝉，黄雀在后

the mantis stalks the cicada, unaware of the oriole lurking behind itself

风声鹤唳，草木皆兵

be scared by the sigh of the wind or the cry of the cranes, fearing ambush at every tree and tuft of grass

当然，对于"司马昭之心，路人皆知""毛遂自荐""三个臭皮匠，顶个诸葛亮""班门弄斧""夜郎自大"等含有中国历史人名、地名的短语，如果翻译的重点在典故，那必须把词语中的人名、地名先音译，然后加上解释性说明，最后是这个短语所表达的意思。如果这些词语所处的语境不要求对词语背后故事进行探究，则可省略人名、地名，直接保留短语的引申意义。

11.4　词语翻译中的"假朋友"

由于人类的生存环境和思维结构具有宏观相似性，尽管不同语言之间存在词汇空缺，但词汇对应的现象却普遍存在，即使在汉语和英语这两种差异较大的语言体系之间，也存在着大量词义相符的词语，其结构和意义都十分相似，如蓝天（blue sky）、头痛（headache）、心形（heart-shaped）、前门（front door）、信箱（mailbox）、松针（pine needle）、山脚（foot of a mountain）、轻如鸿毛（as light as a feather）、眼见为实（seeing is believing）等。然而，除了这一部分结构相似、语义相符的词语，汉英两种语言之间还存在许多"假朋友"，时常会被误读、误译，因而在翻译时需要仔细鉴别。

汉英翻译中的"假朋友"主要有两种，一类是词形结构相同，但指称意义有别的"假朋友"，另一类是词形结构和指称意义相同，但蕴含意义有别的"假朋友"。只有准确地识别这些"假朋友"，才能尽可能地避免误译，确保词语意义的准确传递。如：

干货	dry goods
纸钱	paper money
绿豆	green bean
油性皮肤	oil skin
拖后腿	pull one's leg
酸奶	sour milk

以上汉英词组，看似意义对等，实则谬之千里。dry goods是指纺织品，干货应译成dried food；paper money是指纸币、钞票。祭祀时烧的纸钱，应该译作joss paper；green bean其实是四季豆，绿豆应译成mung bean；oil skin是指防水油布，油性皮肤应译成oily skin；pull one's leg这个短语意为愚弄某人。拖后腿是hinder someone；sour milk是指变质发酸的牛奶，酸奶应译成yogurt。

还有一些"假朋友"在形式和指称意义上非常相似，但蕴含意义和感情色彩存在差别，这类"假朋友"词义相符，具有极强的迷惑性，容易使我们不知不觉掉进误译的陷阱。在翻译时务必要留心识别。如"农民"在汉语中是一个中性词语，而"peasant"在英语中具有贬义，指举止粗鲁或无教养的人，因此，将"农民"译为同样是中性词的"farmer"较为恰当。

练习十一

一、试译以下词语。

鲤鱼　鲸鱼　沙丁鱼　鲨鱼

红娘　红人　红酒　红颜　红眼

外甥打灯笼——照舅（旧）

十五个吊桶打水——七上八下

八卦　众志成城　和而不同　道法自然

二、找出生活中一些对应汉语表达的英语"假朋友"，并给出正确翻译。

三、翻译以下短文。

1

真正的朋友，恐怕要算"总角之交"或"竹马之交"了，在小学和中学时代容易结成真实的友谊，那时候不感到生活的压迫，涉世未深，打算和计较的念头也少，朋友的结成都由于志趣相近或性情相合，差不多可以说是"无所为"的，性质比较纯粹。二十岁以后结成的友谊，大概已不免掺有各种各样的颜色分子在内；至于三四十岁以后的朋友中间，颜色分子愈多，友谊的真实成分也就不免因而愈少了。这并不一定是"人心不古"，实可以说是人生的悲剧。人到了成年以后，彼此都有生活的重担需负，入世既深，顾忌的方面自然也多起来了，在交际上不许你不计较，不许你不打算，结果彼此都钩心斗角，像七巧板一样只选定了某一方面和对方去结合。这样的结合当然是很不坚固的,尤其是到了现在这个任何事物都到了尖锐化的时代。

在我自己的交友中,最值得怀念的老是一些少年时代以来的朋友。这些朋友本来数目就不多,有些住在远地,连相见的机会也不可多得。他们有的年龄大过了我,有的小我几岁,都是中年以上的人了,平日个人所走的方向不同,思想趣味境遇也都不免互异,大家晤谈起来,也常会遇到说不出的隔膜的情形。如大家话旧,旧事是彼此共喻的,而且大半都是少年时代的事,"旧游如梦",把梦似的过去的少年时代重提,因谈话的进行,同时会联想起许多当时的事情,许多当时的人的面影,这时好像自己仍回到少年时代去了。我常在这种时候感到一种快乐,同时也感到一种伤感,那情形好比老妇人突然在抽屉里或箱子里发现了她盛年时的照片。

逢到和旧友谈话,就不知不觉地把话题转到旧事上去,这是我的习惯。我在这上面无意识地会感到一种温暖的慰藉。可是这种旧友一年比一年减少了,本来只是屈指可数的几个。少去一个是无法弥补的。我每当听到一个旧友死去的消息,总要惆怅多时。

——夏丏尊《中年人的寂寞》

2

楚干将莫邪为楚王作剑,三年乃成。王怒,欲杀之。剑有雌雄。其妻重身当产。夫语妻曰:"吾为王作剑,三年乃出。王怒,往必杀我。汝若生子是男,大,告之曰:'出户望南山,松生石上,剑在其背。'"于是即将雌剑往见楚王。王大怒,使相之。剑有二,一雄一雌,雌来雄不来。王怒,即杀之。

莫邪子名赤,比后壮,乃问其母曰:"吾父所在?"母曰:"汝父为楚王作剑,三年乃成。王怒,杀之。去时嘱我'语汝子,出户望南山,松生石上,剑在其背。'"于是子出户南望,不见有山,但睹堂前松柱下石低之上。即以斧破其背,得剑,日夜思欲报楚王。

王梦见一儿,眉间广尺,言欲报仇。王即购之千金。儿闻之亡去,入山行歌。客有逢者,谓:"子年少,何哭之甚悲耶?"曰:"吾干将莫邪子也,楚王杀吾父,吾欲报之。"客曰:"闻王购子头千金。将子头与剑来,为子报之。"儿曰:"幸甚!"即自刎,两手捧头及剑奉之,立僵。客曰:"不负子也。"于是尸乃仆。

客持头往见楚王,王大喜。客曰:"此乃勇士头也,当于汤镬煮之。"王如其言煮头,三日三夕不烂。头踔出汤中,瞋目大怒。客曰:"此儿头不烂,愿王自往临视之,是必烂也。"王即临之。客以剑拟王,王头随坠汤中,客亦自拟己头,头复坠汤中。三首俱烂,不可识辨。乃分其汤肉葬之,故通名三王墓。

——干宝《搜神记》

第十二章 汉语句子的英译

汉语为语义型语言，着力考究"字"与语义及其相关关系，注重内容的意会性。因此汉语的句法特征是：主语可由诸多不同类别的词语充当，主语隐含不显，无主语句的情况时常可见；谓语的成分非常复杂，且不受主语支配，没有人称、数、时态的变化；句与句之间多无明显的逻辑关系的连接词。英语为语法型语言，句子的结构严谨，受语法支配，语义的衔接主要靠逻辑连词。要把语义松散的句子转换成形式与语义都结合紧密的英语句子，需要充分考虑两种语言的句式差异，根据情况作适当变通，切忌写出中式英语。

12.1 汉语句子的英译

汉语句子结构松散，如流水般无定法可依，也无法做穷尽性分类。英语的句式大体上根据复杂程度分为单句和复合句，单句涵盖5大基本句型，复合句又可以分为从属关系和并列关系的复合句。在汉语句子的英译过程中有一个很重要的步骤就是选择适当的英语句式。为方便讨论，我们暂把汉语的句子分为单句和复句。单句包括简单的主谓句和非主谓句，具体有名词非主谓句、动词非主谓句、形容词非主谓句和一些呼唤、口号、标语、敬语、应答语等。复句则是由多个单句构成的，彼此有较明显的逻辑关系。汉语句子英译的方法多样，下面主要探讨一下换序译法、转句译法、合句译法、转态译法和正反译法。

12.1.1 换序译法

在翻译过程中，经常需要考虑两种语言结构上的差异而更换原文词语的前后次序，以照顾译文的习惯，使译文做到最大程度的通顺。把原文中的某一种语序在译文中变换成另一种语序的翻译方法就叫作换序译法。在汉译英过程中，要考虑按照英语语序的表达习惯对中文的词语顺序重新安排，以达到更好的翻译效果。

汉语表达模式通常是主语+状语+谓语+宾语（定语前置），汉语的主谓可近可远，而英语的语言表达模式为主语+谓语+宾语+状语（定语可能前置，也可能后置），主谓一般不会离得太远。

几个形容词一起修饰一个中心词时，翻译成英语时就要考虑形容词的顺序。汉语的习惯是由大到小、由轻到重、由强到弱、由具体到一般，如：这3个县经历了那场中国70年代第四次较为严重的遍及数省的自然灾害。其定语顺序是：限定性定语+国别定语+时间定语+次第定语+判断定语+陈述定语+本质定语+中心词。而英语正好相反，英语中的排列顺序一般为：次第定语+时间修饰语+本质修饰语+判断修饰语+陈述修饰语+国籍修饰语+表示用途类别的修饰语，中心词紧挨本质修饰语。如：He witnessed the sixth（次第定语）post-war（时间) economic (本质) crisis of serious consequence (判断) that prevailed in various field (陈述) in the USA. (国别)。这里的排列规则十分复杂，因此在汉译英时，要仔细斟酌排列。按照英语多定语的顺序，上述汉语例句可译为：The three counties underwent the fourth rather serious natural disaster that plagued several provinces in China in the 1970's.

此外，如果汉语句子中出现时间状语、地点状语、方式状语，则在翻译成英语时大多也要变化其顺序。汉语的状语一般位于动词之前，而英语中状语的位置和形式都比较灵活。一般来说，英语的多状语排列顺序是：目的状语+主谓+方式状语+指涉状语+频度状语+时间状语。如：For this reason, our company explained solemnly to your company many times in February last year.汉语的状语在句子中的排列顺序一般是：主语+目的状语+时间状语（大+小）+条件状语+方式状语+频度状语+程度状语+谓语+宾语。如：我们为顾全大局于同年秋末在第三方的调停下开诚布公地多次强烈要求贵方赔偿我们的一切损失。按照英语的多状语排列，译文如下：For the interest of all and with the mediation of the third party, we required frankly and strongly your company many times to compensate our losses at the late autumn of the same year.

两种语言中除了定语和状语位置不同、需要变换语序，在其他情况下也会出现语序不同的现象，例如为了对某部分进行强调，使句子平衡，上下文关联，都会导致词语顺序的不同。对其进行规律摸索和把握有一定的难度，这就要求在平时的学习中积极思考，不断积累。必须清楚的一点是，汉译英换序译法只为了达到一个目的，就是使译文在最大程度上体现其顺畅性，符合英语的语法习惯。

12.1.2 转句译法

汉语的复句在译成英语时，可以根据情况转换成小句，或者不同逻辑关系的英语复合句。汉语复句的特点是：偏句通常在主句前；正句和偏句之间少用连词；偏句之间的逻辑关系常处于隐含状态，往往要通过词序和语序来确定。英语复合句的特点是：从句既可放在主句之后，也可以放在主句之前，有的时候可置于句子之中；从句与主句之间必须使用连词。因此，汉语的复句可以对应译成英语的主从复合句，如：

1. 前怕狼后怕虎，就走不了路。
   We shall get nowhere if we are plagued by fears.（条件关系，主句在前，从句在后）
2. 不自由，毋宁死。
   Give me liberty or give me death.（并列关系，由or连接两个祈使句）

汉语的复句也可以译成英语的简单句。如：

3. 即使是最好的厨师，有时也会做出不好的菜来。
   The best cook sometimes makes bad dishes.

12.1.3 合句译法

英语句子结构严谨，以主谓为结构主干，一个句子一般只有一个谓语动词。汉语句子强调按时间顺序和事理顺序排列，可以连续使用两个或两个以上的动词。英语有连词、介词、关系代词、关系副词、非谓语动词形式等，可以构成无数的短语，而汉语无关系代词和关系副词，连词和介词的使用频率也很低。因此，英语中存在大量的长句，在一些较为正式的文体中尤为常见。汉英翻译时，不少情况下，汉语的几个分句、短句可以处理成英语的一个简单句或复合句，这就是所谓的合句法。合句法是汉英翻译中一个重要的技巧。合译时要注意句间的逻辑关系和内在联系，这样译文的结构才会更严谨，语言才会更简洁，表达才会更流畅。如：

1. 只要看一眼这封信，你就会明白你上当了。

A glance at this letter will convince you that you have been taken in.

汉语单句"只要看一眼这封信"压缩成名词短语"A glance at this letter"，译文显得比较简洁。

2. 她性格随和，是位全面发展的优秀学生，是这次交流项目最有希望的人选。

An excellent, all-round student with a congenial personality, she is a promising candidate for the exchange program.

"是……人选"是句子的主要部分，"性格随和，是位……优秀学生"是后半句的原因，属从属地位，用同位语来表达就很贴切。英语里同位语用来定义、解释名词，有说明原因的作用。

3. 问题在于开设什么样的课程更为实用，对学生今后的工作更有帮助，这一问题仍在辩论中。

The question as to what kind of courses should be offered that are more practical and more helpful to the students' future work is still a controversial issue.

4. 理论必须密切联系实际，这是我们应该牢记的一条原则。

That theory must go hand in hand with practice is a principle we should always keep in mind.

这里所要注意的是如何区分主从的问题，凡是为主的分句，用英语限定式动词结构来表达；从属的分句则可采用词组、非限定性动词短语、介词短语、同位语、形容词短语等来表达，使译文更符合英语的表达习惯。应该说明的是，并不是所有的汉语分句、短句在翻译时都要合并。是否合句，要根据翻译中的"忠实、通达"的原则，酌情变通。

12.1.4 转态译法

英汉语句子中都有被动语态和主动语态，不同的是，由于汉语句式更加灵活，不受语法"管制"，经常会有主动表被动的情况以及典型的"把"字句表被动。所以，总体来说，汉语里被动语态较少，但是英译后，由于英语的被动语态很常见，汉语主动句译为英语被动句的情况较多。

汉语中典型的被动句一般有形式标记：被、挨、叫、让、受、给、由、为……所、加以、予以等，这些汉语中显而易见的被动句通常还可译为英语被动句。汉语中有一类"是……

的"句型，以主动形式表达被动意义，汉译英时，可还原为英语被动句。如：

1. 我的前30年是在美国西部度过的。

My first thirty years were spent in western America.

2. 接见同学们的是系主任助理。

The students were received by the dean assistant.

3. 空气中的含氧量是用这种方法测出的。

The quantity of oxygen in the air is known in this way.

汉语中有类句子并无被动助词，它们看似主动，但是在主谓关系上有被动含义，往往为动宾结构，翻译时宾语可用来作主语，形成被动语态，如：

1. 运动会什么时候开？

When will the sports meet be held?

2. 这儿要修更多公路。

More highways will be built here.

3. 大米主要产自南方。

Rice is chiefly grown in the south.

还有一些无被动标记的汉语无主句，用来表达观点、态度、要求、告诫、号召等，译成英语也要采用被动结构。如：

1. 应该教育儿童讲老实话。

Children should be taught to speak the truth.

2. 发现了错误，一定要改正。

Wrongs must be righted when they are discovered.

英语强调主语统帅全局的地位，一般不喜欢频繁变换主语，因此当上一句的主语为下一句的宾语时，可以把两句合译，共用一个主语，显得连贯、紧凑。

1. 约翰真的爱玛丽，而玛丽也爱约翰。

John actually loved Mary and was loved in return.

2. 他出现在台上，观众热烈鼓掌欢迎。

He appeared on the stage and was warmly applauded by the audience.

3. 人的思想形成语言，而语言又影响了人的思想。

Language is shaped by, and shapes human thought.

一些句式简短、形式上看似被动的汉语句子，往往省略了主语，暗含的主语通过上下文很容易得出。这时，汉译英一般用英语的主动形式表达。

1. 这个练习要做吗？

Shall we do this exercise?

2. 我公司职工代表被授予了光荣称号。

Staff representatives of my company received certificates of honor.

3. 这个句子最好这样翻译。

We'd better translate the sentence this way.

12.1.5　正反译法

正反译法主要是根据情况灵活处理原文的肯定句和否定句。正译法是指用肯定译肯定，否定译否定，反译法是指用肯定译否定，或者用否定译肯定。无论怎样，句子的意思并没有改变。英语中表达否定的概念可以借助no，not，never，nor，neither等否定词，也可以借助具有否定意义的词语，如hardly，rarely，seldom，barely，scarcely，narrowly，few，little等，以及由前缀no-，non-，in-，dis-，un-，im-和后缀-less等组成的词语。除此之外，还可以借助其他各类词语和词组表达否定的概念，诸如lack，fail，deny，miss，exclude，run short / out (of)，keep / stop / refrain / prevent (from)，(get) rid of，want，overlook，deny等动词；absence，exclusion，lack，want，failure，ignorance，denial等名词；absent，missing，ignorant，gone，free / far / safe from，short of，exclusive of等形容词；beyond，without，above，except，save，but，in vain等介词。这种译法可以使译文句式灵活多样，如：

1. 我想小李明天不会来了。

I don't think Xiao Li will come tomorrow.

2. 雷锋的高尚行为是赞扬不尽的。

Lei Feng's noble deeds are above all praise.

3. 她光着脚走进房间。

She came into the room with no shoes on.

4. 法律面前人人平等。

Law is no respecter of persons.

5. 他化学测验不及格。

He failed the test in chemistry.

在以上例句中，汉语原文的否定概念，在译文中都是通过无否定标记、却含有否定意义的词语表达的。也就是说，形式肯定，意义否定。

双重否定的句子，实际上表达肯定的意义。与一般肯定句不同的是，双重否定句感情色彩更加浓厚，肯定的语势更加强烈。汉译英时，我们往往保留双重否定的形式。如：

1. 子曰："不患人之不己知，患不知人也。"

The Master said, (the good man) does not grieve that other people do not recognize his merits. His only anxiety is lest he should fail to recognize theirs.（孔子《论语》，Arthur Waley译）

2. 名不正则言不顺，言不顺则事不成。

If language is incorrect, then what is said does not concord with what was meant; and if what is said does not concord with what was meant, what is to be done cannot be effected.（孔子《论语》，Arthur Waley译）

3. 我想：希望本无所谓有，无所谓无。

I thought: hope cannot be said to exist, nor can it be said not to exist.

以上例句的原文含双重否定，译文也同样采用双重否定的句式。

4. 不看秦始皇兵马俑，不算真正到过中国。

译文1：A traveler who has not seen the Qin Dynasty terra cotta figures cannot claim to have visited China.

译文2： No one who has not seen the Qin Dynasty terra cotta figures can claim to have visited China.

两个译文都保留了双重否定的形式。译文1中的第一层否定放在定语从句的谓语部分（has not seen），而译文2的第一层否定放在了主语部分（No one who……）。两个译文都不错，但译文2的语势更强。

由于中国人和英美人在思维方式上的差异，汉语的肯定句译成英语时也常用否定句式来表达。如：

1. 他在这上面费了很多力。

He took no little pain over it.

2. 我对你万分感激。

I couldn't thank you enough.

3. 智者千虑，必有一失。

Even the wise are not always free from errors.

汉语以肯定句从正面表达，英语以否定句从反面表达，该例句典型地反映了汉英两种语言叙述角度的差异。

12.2 典型句式的英译

由于汉语句式复杂多变，并没有一套规则将其进行穷尽式分类。这里仅列出一些有代表性的句式，讨论其英译技巧。以期举一反三，将其运用到汉语篇章的翻译中。

12.2.1 无主句

在汉语语篇中，当施事的身份不言自明，或者没有具体所指时，句子就会没有主语，无主句在汉语中很常见，而英语的句子没有主语仅从语法角度来看就是"非法"的，因为主语是构成英语句子的要件之一。碰到无主句，一般的处理方法包括：

1. 用宾语作主语，译成被动句。此种方法已在被动语态的翻译中讨论过，此处不再赘述。

2. 采用英语的存在句来译，there be 句型在汉语中并没有与之相对应的句式，因此汉英翻译时往往会忽略这一英语常用句型。这一句型可以广泛应用于多种汉语句式的翻译中。如：

要发展就要变，不变就不会发展。

Development means change; without change, there can be no development.

3. 按照逻辑顺组的原则，译成英语的祈使句。如：量体裁衣，看菜吃饭。Fit the dress to the figure and fit the appetite to the dishes.

4. 采用形式主语+从句的形式，如：要解决问题，还需做系统而周密的调查工作和研究工作。In order to solve the problem it is necessary to make a systematic and thorough investigation and study.

另外，下列的一些结构也可以通过这种方式进行翻译。

希望……　　　　　It is hoped that…
据报道……　　　　It is reported that…
据说……　　　　　It is said that…
据推测……　　　　It is supposed that…
必须承认……　　　It must be admitted that…

最后还可以用泛指代词或名词如the one，he，people等补出主语。如：只准州官放火，不准百姓点灯。One man may steal a horse, while another may not look over the hedge.

12.2.2　连动句

这种结构通常是指在主句后面同时出现多个小句且包含多个动作，连动句英译的关键是在众多的动词中选择主要动词作为谓语，在搭建主谓结构的基础上，将其他次要动词转换成分词结构表示伴随或者变成名词结构充当句子成分。

1. 在过去的1年里，中国贯彻扩大内需的方针，经济得到稳步发展，人民生活水平得到显著提高。

Last year, China implemented the policy of enlarging domestic demands, which led to stable economic development and significant improvement of people's life.

后面两个动词"得到"合二为一，"发展"和"提高"转化成名词。

2. 老关急忙跳下车去，摸摸腰间的勃朗宁手枪，又向四下里瞥了一眼，就过去开了车门，站在门旁边。

Old Guan quickly scrambled out of the car, placing his hand on the Browning at his side and glancing all round. Then he went round and opened the other door and stood holding it.

在这个句子中，一连用了"跳""摸""瞥""过去""开"等6个动词，且都是有实际意义的动作动词，根据语义分析可知，"跳"是主要动词，"摸"和"瞥"都是伴随"跳"的动作进行的，可使用分词短语的形式。而"过去"和"开"也是主要动作，且发生在"跳"之后，可以作为另一个句子的主谓语动词，同时使用连词then表示动作的先后。

3. 构筑中华民族共有精神家园的过程，实际上就是整合民族文化资源，提升民族文化内涵，丰富民族文化形式，促进民族文化平等，营造共同民族意识的过程。

The progress of building Chinese spiritual home is also the progress of integrating ethnic cultural resources, enhancing cultural connotation and promoting the equality of ethnic cultures.

分析这个句子结构时，我们发现，句中虽然有很多动词，但本质上是"A是B"的结构，因此可以把动词短语转化成动名词短语，分别充当句子的主语和表语。

4. 看门人惊呆了，喘着粗气，摇摇晃晃地走下楼梯。

The janitor staggered down the stairway, stunned and gasping.

本句连用了三个动词，其中，"摇摇晃晃走下楼梯"是句子重心所在，用英语限定式动词来译，"惊呆了""喘着粗气"分别用过去分词"stunned"和现在分词"gasping"既表示出了原因，又点出了伴随的状态。

12.2.3 意合句

意合句体现了汉语重意合的句子特征，它由小句组成，用逗号分隔，语义之间有逻辑联系。把意合的汉语句子翻译成形合的英语句子，关键是找准语义之间隐含的逻辑关系，用恰当的逻辑连词将其隐含逻辑外化于英语句子当中。如：

1. 他在街上丧胆游魂地走，遇见了小马儿的祖父。

As he was walking dejectedly down the street, he ran into Xiaoma's grandfather.

译文中增加了表示时间关系的连词As，明确了主句与从句的时间关系。

2. 鸡鸣犬吠，和小贩们的吆喝声，都能传达到很远，隔着街能听到那些响亮清脆的声儿，像从天上落下的鹤鸣。

The crowing of roosters, the barking of dogs and the calls of vendors carried a long way so that they could be heard clearly in the next street, rather like the cries of cranes coming down from the sky.

译文里增加so that 表示程度，很自然地将"传达到很远……能听到那些响亮清脆的声儿"衔接起来，最后一句使用介词短语表示伴随状态。再如：

3. 小时候，乡愁是一枚小小的邮票，我在这头，母亲在那头。长大后，乡愁是一张窄窄的船票，我在这头，新娘在那头。

When I was a child, my homesickness was a small stamp.

Linking Mum at the other end and me this.

When grown up, I remained homesick, but it became a ticket.

By which I sailed to and from my bride at the other end.

译文中增加when，and，but 等连词，使译文逻辑清晰，语法正确，语义连贯。

4. 他五岁时候，生了一场伤寒病，变成了聋人。

He became deaf at five after an attack of typhoid fever.

不仅是逻辑连词，介词的使用在汉译英中也很重要，作为英语中很重要且用法繁多的介词，同样可以起到简化译文，连接语义的作用。如上文中，"五岁时候"可以简化为"at five"，"生了一场伤寒病"可以简化为"after an attack of typhoid fever"。

12.2.4 主题句

主题句一般由主题语+评论语构成，翻译时，一般按照英语的结构，会把评论前移。如：

1. 我原来计划今年一月访问中国，后来不得不推迟，这使我感到很扫兴。

It was a keen disappointment when I had to postpone the visit which I had intended to pay to China in January.

2. 他被当场抓住，真是活该！

He was deservedly caught right on the spot!

12.2.5　流水句

流水句由多个小句构成，小句有语义关系，但比较松散，重要部分往往放后面。如：
不一会，北风小了，路上浮尘早已刮净，剩下一条洁白的大道来，车夫也跑得更快了。
Presently the wind dropped a little. By now the loose dust had all been blown away, leaving the roadway clear, and the rickshaw man quickened his pace.

英译时，根据语义，单独语义的小句可以译成独立的单句、短语或者单词，语义之间有较紧密联系的可添加逻辑连词使之成为英语复合句。

练习十二

翻译以下两篇短文。

迟到的诀别

这是一封母亲写给儿子的信，深情满满，又愧疚重重，它是一纸家书，又是一道绝笔。

1931年以后，共产党员赵一曼，被组织派到东北地区工作，常年为革命奔波在外的她把儿子寄养到上海亲戚家，儿子刚刚两岁，因为出生那天是列宁逝世5周年的纪念日，也因为盼着这个长在战火里的小家伙一生安宁，赵一曼给她取名为"宁儿"。小宁儿在上海一天天长大，却总也见不到千里之外的妈妈。

赵一曼先后在沈阳、哈尔滨组织群众进行抗日斗争，建立农民游击队配合部队作战。1935年11月，为掩护部队突击，深度重伤的她不幸被日军俘虏。日寇想当然以为眼前这位已经伤痕累累的年轻女子承受不住更大的苦难，只要施以酷刑便可以轻易得到有价值的情报，狱中的赵一曼遭受了极其残忍的折磨，但每一次拷问都以无果告终，失去耐心的日寇终于意识到一切让赵一曼开口的努力都是徒劳。但他们不知道，这份坚毅不仅是一位战士对革命的忠诚，还是一位母亲在狱中对远方儿子无声却响亮的爱国教育。

1936年8月2日清晨，赵一曼被押上开往刑场的火车。这一年，宁儿七岁了，当母亲知道再也见不到自己的孩子了，在这趟奔赴生命终点的列车上，赵一曼把积在心底的话写了下来。"宁儿，母亲对你没有能尽到教育的责任，实在是遗憾的事情，母亲因为坚决做了反满抗日的斗争，今天已经到了牺牲的前夕了，母亲和你在生前是永久没有再见的机会了，希望你，宁儿啊，赶快成人，来安慰你地下的母亲。"

遗憾的是，在母亲牺牲后的许多年里，宁儿却没有听到她临终的呼喊。已经成年的宁儿只是在博物馆里看到了这字字深情的绝笔，他隔着展柜把母亲留给自己最后的话一个字一个字地抄了下来。母亲赵一曼是为国牺牲的，这一点宁儿没有忘记，75年后的今天这封泛黄的家书提醒着人们也永远不要忘记。

——中央电视台、中央档案馆联合出品百集微纪录片《红色档案》之《一封家书》系列

2

　　读书钻研学问，当然要下苦功夫。为应考试、为写论文、为求学位，大概都要苦读。陶渊明好读书。如果他生于当今之世，要去考大学，或考研究院，或考什么"托福儿"，难免会有些困难吧？我只愁他政治经济学不能及格呢，这还不是因为他"不求甚解"。

　　我曾挨过几下"棍子"，说我读书"追求精神享受"。我当时只好低头认罪。我也承认自己确实不是苦读。不过，"乐在其中"并不等于追求享受。这话可为知者言，不足为外人道也。

　　我觉得读书好比串门儿——"隐身"的串门儿。要参见钦佩的老师或拜谒有名的学者，不必事前打招呼求见，也不怕搅扰主人。翻开书面就闯进大门，翻过几页就升堂入室；而且可以经常去，时刻去，如果不得要领，还可以不辞而别，或者另找高明，和他对质。不问我们要拜见的主人住在国内国外，不问他属于现代古代，不问他什么专业，不问他讲正经大道理或聊天说笑，都可以挨近前去听个足够。我们可以恭恭敬敬旁听孔门弟子追述夫子遗言，也不妨淘气地笑问"言必称'亦曰仁义而已矣'的孟夫子"，他如果与我们生在同一个时代，会不会是一位马列主义老先生呀？我们可以在苏格拉底临刑前守在他身边，听他和一伙朋友谈话；也可以对斯多葛派伊匹克悌忒斯的《金玉良言》思考怀疑。我们可以倾听前朝列代的遗闻逸事，也可以领教当代最奥妙的创新理论或有意惊人的故作高论。反正话不投机或言不入耳，不妨抽身退场，甚至砰一下推上大门——就是说，拍地合上书面——谁也不会嗔怪。这是书以外的世界里难得的自由！

　　壶公悬挂的一把壶里，别有天地日月。每一本书——不论小说、戏剧、传记、游记、日记，以至散文诗词，都别有天地，别有日月星辰，而且有生存其间的人物。我们很不必巴巴地赶赴某地，花钱买门票去看些仿造的赝品或"栩栩如生"的替身，只要翻开一页书，走入真境，遇见真人，就可以亲亲切切地观赏一番。

　　尽管古人把书说成"浩如烟海"，书的世界却是真正的"天涯若比邻"，这话绝不是唯心的比拟。世界再大也没有阻隔。佛说"三千大千世界"，可算大极了。书的境地呢，"现在界"还加上"过去界"，也带上"未来界"，实在是包罗万象，贯通三界。而我们却可以足不出户，在这里随意阅历，随时拜师求教。谁说读书人目光短浅，不通人情，不关心世事呢！这里可得到丰富的经历，可认识各时各地、多种多样的人。经常在书里"串门儿"，至少可以脱去几分愚昧，多长几个心眼儿吧？

　　可惜我们"串门"时"隐"而犹存的"身"，毕竟只是凡胎俗骨。我们没有如来佛的慧眼，把人世间几千年积累的智慧一览无余，只好时刻记住庄子"吾生也有涯，而知也无

涯"的名言。我们只是朝生暮死的虫豸（还不是孙大圣毫毛变成的虫儿），钻入书中世界，这边爬爬，那边停停，有时遇到心仪的人，听到惬意的话，或者对心上悬挂的问题偶有所得，就好比开了心窍，乐以忘言。这个"乐"和"追求享受"该不是一回事吧？

——杨绛《读书苦乐》

第十三章　汉语篇章英译（1）

篇章，又称语篇，是一个或几个或一系列连续的话语段落或句子构成的话语组合，语义连贯、合乎语法、结构衔接、语气通顺，用于表达一个完整的思想，具有一个论题结构或逻辑结构，在一定语境下表示一个完整语义的自然话语片断，并实现一定的交际功能。它不只是一连串句子和段落的集合，而是一个结构完整、功能明确的语义统一体。

13.1　篇章分析与翻译

从语言的构建功能看，语篇是不能分割、具有相对独立性、能够单独处理的连贯语言片断。篇章分析就是对篇章的结构规律、风格特点、涉及的人、事、境、情的认识和分析。因此，篇章翻译要抓原文的中心思想和总的基调，使译文中心突出、层次分明、内容衔接连贯。

13.1.1　文本特点

语篇翻译首先要看文体，不同的交际环境、交际内容、交际目的、交际方式决定着不同形式的文体。文体不同，语言文字的表达方式也就不同。文体风格从写作体裁上有小说、诗歌、散文、戏剧、公函、应用文、科技文献等；从写作方法上分析有叙述文、描写文、议论文、说明文等；从表达方式上分析有庄严肃穆的、也有随便口语化的，有正式的、也有非正式的，有商议的、也有命令的等；从语言特色上分析有华丽的，也有朴实的，有简洁的，也有烦琐的，有讽刺的，也有赞美的，有幽默的，也有粗俗的等；从修辞上分析有比喻、夸张、排比、反问、重复、对比、歧义、双关、矛盾、类比、拟人、反语等。

13.1.2　汉英语篇差异

汉语的语篇结构很早就形成了。现在被认可最多、最广的当算是元朝杨载所概括的模式，即起、承、转、合。艾治平在《古典诗词艺术探幽》中说："千古章法，不出起、承、转、合之外，虽千变万化，其中不离。"从篇章上来讲，英汉整体结构都分为开头、中间、结尾三部分，完全一样。但如果深入下去，我们会发现英汉篇章的各部分仍有许多不同之处。英语文章的开头从传统上必须注意两个问题：一是开头点题。引起下文英语篇章的开头，一般要求点明文章的主题或目的，并规定文章的展开方式；二而是要有趣味，吸引读者。激发读者的阅读兴趣是英语文章开头的重要技巧。英语文章开头除强调点题外，还特别强调趣味性，这也是有其历史渊源的，古代欧洲重视演讲的开头，要求必须抓住听众，引起听众的好感和注意，所以写文章时也继承了这种修辞习惯，开头应富有趣味性。汉语的开头也重视引人入胜，但汉语篇章考虑更多是"定调"，即为整个语篇所表现的主旨；其次是体裁，文章的体裁不同，风格不同，开头也就不同。

英语文章重形和，强调词语的粘着性，手段多种多样，如逻辑词语的连接、语法上的照应、替代、省略等，词汇上的搭配，同义词的复现等。汉语文章重意合，因此逻辑语法词汇等连接手段很少。汉语行文是曲线运动。所以"文以曲为贵""曲径通幽""文如看山喜不平"，曲折多了，才能把矛盾的各个方面都展示出来，分析全面，说理透彻。英汉篇章的结尾共同点都是照应开头和概括原文。但是英语篇章结尾更强调重述和感人，所谓重述就是再次叙述文章的重要内容。这方面最典型的就是科研论文，科研论文的结尾部分必须重述论文的主要观点。至于感人，就是文章结尾部分要诉诸感情。汉语文章结尾的普遍做法，除前边说过的照应开头和概括全文之外，主要是讲究回味无穷。

13.2 篇章的衔接与连贯

英国语言学家韩礼德在1962年首次提出了衔接的概念。1976年，韩礼德和哈桑的著作《英语中的衔接》（*Cohesion in English*）系统研究了英语语言系统中可用来建构衔接关系的语料，形成了完整的理论体系。事实上，衔接和连贯是两个不同的概念。衔接是语篇现象，指的是发话者用来表示经验和人际方面语言连贯的语法手段；而连贯是心理现象，它存在于说话者的头脑中，无法在语篇层面中找到线索。衔接是语篇的有形网络，而连贯是语篇整体意义的无形框架。连贯不但要依靠语篇表层结构中各个句子之间的衔接，而且要符合语义、语用和认知原则。

13.2.1 衔接的再现

语篇翻译的最终目标是保证最大限度的意义和形式对等。然而，由于源语和目的语的个性，在衔接手段上会存在一定的差异，这种差异处理得当与否直接影响到翻译质量。现代英语在语句衔接方式上来说多用形合方法（hypataxis），即用连接词语将句子衔接起来；而汉语既用形合方法，又用意合方法（parataxis）。鉴于汉语衔接的"意合"性，语篇构建时少用照应手段，转换成英语时，应根据"形合"的特点予以补充。在语篇中，语法手段的使用可以起到连句成篇的作用，根据韩礼德和哈桑提出的语篇衔接的概念，能在语篇中起衔接作用的语法手段主要有照应（reference）、替代（substitution）、省略（ellipsis）和关联（conjunction）。

13.2.1.1 照应（reference）

照应是指用代词等语法手段来表示语义之间的照应关系。主要有人称照应（personal reference）和指示照应（demonstrative reference）等。如：

1. "这倒难以说定。可是你只要看看这儿的小客厅，就得了解答。这里面有一个金融界的大亨，又有一位工业界的巨头；这小客厅就是中国社会的缩影。"

——矛盾《子夜》

"It's a tall order, your question. But you can find an answer in the next room. There you have a successful financier and a captain of industry. That little drawing room is Chinese society in miniature."

原句中用到了指称照应：这、这儿，形式比较单一。在翻译过程中，考虑到英语句子的衔接，分别使用了 It、the、there 等代词指称。

2. 稍稍能安慰我们的，是在那石上有一个不大不小的坑凹儿，雨天就盛满了水。

——贾平凹《丑石》

The only thing that had interested us in the ugly stone was a little pit on top of it, which is filled with water on rainy days.

3. 这种力，是一般人看不见的生命力，只要生命存在，这种力就要显现……

——夏衍《野草》

It is an invisible force of life. So long as there is life, the force will show itself.

从以上例子可见，汉语的"这""那"与英语的"this""that"所指并不完全一致。汉语的"这"有化远为近的指称意义，功能负荷量大于"那"，使用频率也高于"那"。英语中的"that"有化远为近的指称意义，功能负荷量大于"this"，使用频率也高于"this"。此外，在汉语名词前多用零式指称，英语的人称代词以及相应的限定词使用频率大大高于汉语。

13.2.1.2 替代（substitution）

替代是指用替代形式去替代上下文出现的词语，可分为名词性替代、动词性替代和分句式替代。

1. —我能看看那条围巾吗？
—可以。哪一条？红的还是黑的？
—May I have a look at that scarf?
—Yes. Which one? The red or the black one? （名词替代）

2. 瞧那晚霞，我没见过比这更红的了。
Look at the sunset cloud! I've never seen a redder one than that.

3. —谁愿意和我们一起打篮球？
—我不干。（动词替代）
—Who'd like to play basketball with us?
—No, I won't.

汉语里的"着""来"有动词替代的作用，可以对应英语里不同的动词，如：4.宝玉诧

异道："这话从哪里说起？我要是这么着立刻就死了。"（did/said）

5. 你画得不像，等我来。(do/ draw/paint)

13.2.1.3　省略（ellipsis）

省略的使用是为了避免重复，突出主要信息，衔接上下文。

一个句子中的省略成分通常可以从语境中找到。这样，一个句子给另一个句子的理解提供依据，就使它们之间形成了连接关系。所以，在语篇分析中，省略在句子之间所起的纽带作用是不可忽略的。如：

1. ——我想买一套家具。

——买大连出的（家具）吧！

——I want to buy a set of furniture.

——Buy one (set of furniture) made in Dalian.

2. ——我们到那儿去春游？

——（我们）到云台山（去春游）。

——Where shall we go for a spring outing?

——(We'll go to) Yuntai Mountain （for a spring outing).

13.2.1.4　关联（conjunction）

英语语句之间主要采用形合法过渡，尤其在那些比较正式的文章中，句子之间或句群之间往往使用一些过渡词来衔接。连接成分本身就具有明确含义，通过在语篇中使用这类连接性词语，人们可以了解句子之间的语义联系，甚至可经前句从逻辑上预见后续句的语义。因此，汉译英时，译者应根据英语的特点对译文的逻辑连接方式进行调整。为了满足英文的逻辑关系，应适当地增补一些关联成分。例如：

男孩哭得心都快碎了，当问及他时，他说饿极了，有两天没吃了。

The boy who was crying as if his heart would break, said, when I spoke to him, that he was very hungry because he had had no food for two days.

为了体现英语多用连接词表示句际关系的特点，符合英语的形合特征，译文使用了who、as if、when、that、because等多个连接成分来理顺上下句的语义关系，使汉语的隐性粘连显形化，从而满足英语的行文要求。尽管这种节外生枝，叠床架屋的构建方式比较烦琐，但作为英语的语篇构建原则译者是必须遵守的。

英语语篇中常见的逻辑关联词有以下几种。

表示添加信息：and，also，too，furthermore，besides，moreover，in addition，what is more…

表示因果关系：because，for，for this reason，since，as a result，thus，therefore，so consequently，of course，accordingly…

表示文章意义的转折或对比：although，however，on the contrary，still，but，otherwise， despite, nevertheless, though, in fact, on the other hand, as a matter of fact…

表示文章中事件发生的时空顺序：first, second, third, after this/that, meanwhile, suddenly, and so on, then, before, next, formerly, later, finally in the end, at last…

表示列举：firstly, secondly, for one thing, for another, first of all, to begin with, then, last, in conclusion, last of all, to conclude…

表示举例、解释：for example, for instance, that is, namely, to illustrate…表示总结：in short, to sum up, in conclusion, briefly, on the whole, to conclude, to summarize…

但是，这些连接词在汉语语篇中却经常处于"隐身"状态。汉译英时，需要对汉语语篇而不是孤立的语句结构进行逻辑层次的分析，并重构英语的衔接关系。遵照源语作者的意图及源语语篇中逻辑推进层次，充分考虑目的语的衔接特点来重构译文。缺少这种意识就难免会出现译文与原文虽然句句相对却难以成篇的问题。

词汇衔接手段是通过语篇中一对或一组具有某种语义联系的词而取得的。这种词义联系可以表现为词与词之间在语义上的全部或部分重复，如同一词项的复现，同义词、近义词、上下义词、概括词的运用；也可以表现为词与词之间在使用搭配上的常见同现关系，如选用一对反义词或同一语义场中的词。下面主要讨论原词复现、上下义词在译文中的衔接作用。原词复现衔接，语篇中某一词的反复出现，一方面起到衔接句子的作用，另一方面是为了实现一定的文体效果。

在任何语言中，为了结构的对称、强调或修辞需要都会采用词汇重复的衔接手段。就重复而言，汉语不怕重复，因为重复并不会给人单调乏味的感觉；而英语在同一句子或语段中一般不重复用同一个词，特别是名词。如：

老金奔过去一看，原来是一只不到500克重的羽毛刚长齐的猫头鹰。他把猫头鹰小心翼翼装进笼子里，然后骑自行车送往离家7.5公里的城区林业局。林业局的工作人员把猫头鹰放归大自然。

Lao Jin hastened over and found it was a young fledgling owl no more than 500 grams in weight. He picked the bird up and placed it into a cage with much care. Then he cycled the bird all the way to the Municipal Forestry Bureau, 7.5 kilometers off his home. There the staff members set the creature free into the embrace of the forest.

中文语篇里的词汇衔接用的是重复同一个词"猫头鹰"，在译文中，猫头鹰先后使用上义词bird和creature来完成语义的衔接。

博弈之交不终日，饮食之交不终月，势利之交不终年。惟道义之交，可以终身。

——《格言联璧·接物》

Friendship made at chess-playing cannot outlast the day; friendship struck up during wining and dining cannot outlast the month; friendship built on power and influence cannot outlast the year. Only friendship based on morality and justice can last a lifetime.

上例中，名词短语"之交"在原文中连续出现四次，而译文采用了四种不同的表示方法来避免重复，这样不仅符合原意，还符合英语的表达习惯。英文中大量的同义词、近义词以及词性的可转换性极大地避免了出现词汇重复的现象。英语语篇中很少有原词复现的情况，即便有，也是出于修辞目的。如：

...yet, as it sometimes happens that a person departs his life, who is really deserving of the praises the stone cutter curves over his bones, who is a good Christian, a good parent, child, wife or good husband; who actually does have a disconsolate family to mourn his loss...

为了避免语义重复，给读者带来不必要的困扰，本着语言的经济原则，可以灵活使用英语中的"vice versa""the other way round"这种类似表达。对上一句内容进行反向陈述，意义简洁明了，省去了不必要的重复。下面对汉语俗语"饿了吃糠甜如蜜，饱了吃蜜也不甜"的四个译文中，我们可以明显感到译文4在语言表达和句子结构上更胜一筹。

1. Even chaff tastes sweet as honey when one is hungry, whereas honey doesn't taste sweet at all when one is full.

2. For hungry ones ordinary food becomes a delicious one as if it is mixed with honey, however when they are full, even honey will not taste so sweet.

3. The least tasteful food taste sweet when you are hungry, while the sweetest honey tastes nothing special when you're full.

4. Husks will taste like honey when you are hungry, and vice versa.

前三个译文均把原文句子中重复的部分再次呈现出来，使得句子冗长，导致译文读来绕口。再如：

为了推动中美关系的发展，中国需要进一步了解美国，美国也需要进一步了解中国。

To promote the development of China U.S. relations, China needs to know the United States and vice versa.

13.2.2 连贯的再现

连贯（coherence）是语篇的基本特征之一，是区别语篇与非语篇的标志，可以说没有连贯就没有语篇。连贯也是篇章内聚力的体现。它一方面通过篇章标示词如连词和副词来取得，另一方面则取决于各概念或命题之间与主题的语义逻辑上的联系。衔接是语篇的有形网络，而连贯是语篇整体意义的无形框架。

翻译时除充分利用篇章标示词外，还要特别注意吃透原文，理顺文字底层的逻辑联系，并且要充分注意两种语言在谋篇布局方面的差异，符合语义、语用和认知原则，体现出译文在语义结构上的连贯性。如：

产教融合发展战略国际论坛是在经济发展进入新常态，创新驱动发展战略深入推进的背景下，为推动产教融合与地方本科高校转型发展，经部领导批准，于2014年春季创设的专题性、公益性论坛。目前，该论坛已举办七届，在教育部领导的大力推动和直接指导下，论坛为地方高校转型发展做了充分的理论准备，营造了良好的舆论氛围，推动了高等学校、行业企业和工程技术界的积极参与，扩大了中国高等教育结构性改革在全球的影响力。论坛已经发展成为我国高等教育、职业教育领域有国际影响力的高水平品牌性论坛，成为推动产教融合、校企合作的重要平台。

The International Forum on Industry and Education (IFIE) was launched in the spring of 2014 approved by the Ministry of Education of the People's Republic of China. As a thematic and non-profit forum, it has been held 7 times in the context of new economic norm and innovation-driven strategy to promote the transformation and development of local universities. The IFIE has offered various theories and created a friendly atmosphere of communication for the colleges, enterprises and technical institutions with the guidance of the Ministry of Education, expanding the global influence of Chinese higher education reforms. This forum is a high-level brand with international influence in the higher education and vocational education in China as well as an important platform of university-enterprise cooperation.

原文中的"论坛""发展""高等教育"出现频繁，构成整个汉语语篇的衔接与连贯，译文为了凸显主语，把重要信息前置，修饰、限制和补充的信息尽量采用短语的形式放在句子主干后面。为了使语气连贯，尽量不改变句子的主语，但是采用了不同形式。为了避免重复，对原文中重复的词汇也做了替换或者省略的处理。除了调整句子的顺序和主要信息优先传译，根据语境适当地补充也是连贯的策略之一。例如：

为了逃避那一双双熟悉的眼睛，释放后经人介绍，他来到湖南南县一家具木厂做临时工。

In order to avoid those familiar eyes, he didn't return to his hometown after release, but found an odd job in a furniture factory in Nanxian County, Hunan Province through introduction.

译文中的"he didn't return to his hometown"是增补上去的，目的是保证译文语义连贯，晓畅明白。因此，适当的增补也是保证译文语义逻辑连贯一致的方法之一。

13.3 标点符号的翻译

标点符号是语言表达的重要组成部分，是书面语言表达中不可缺少的要素，标点符号的正确使用可以帮助作者准确地表达自己的思想感情，同时可以帮助读者准确地理解文章所要表达的思想感情。需要注意的是，英汉两种语言中的标点符号并不完全对应，使用方法和形式也略有差异。因此，翻译的过程中正确地使用标点符号具有十分重要的意义。

汉语篇章里，逗号使用于两句之间，表示一句话中较长的语音停顿。具体用法有：（1）用在主语之后，表示对主语的突出与强调；（2）用在长宾语或者主谓词组充当的宾语前边；（3）用在句首状语之后；（4）用在并列词组之间；（5）用在独立主语后面；（6）用在分句之间；（7）用在关联词语之间，表示需要停顿。

英语语篇里很少使用逗号，逗号主要用来连接短语和短语，短语和句子以及从句与主句。

句号多用于陈述句之后，表示平直的语调和叙述的结束。但是，英语中每个完整的句子都需要使用句号。句号的使用频率高于逗号。两种语言中的冒号（主要用于提示语之后，表示对事物的解释、罗列或者说明）、感叹号（表示强烈的感情，多用于感叹句之后）、问号（用于疑问句之后表示疑问）、引号（表示文章中引用的部分或者需要引起读者注意的部分）、括号（表示文中的注释或者补充部分）、破折号（对后文注释的标示，又表示语意的转换、跃进或者语言的中断和延长）等标点符号大体在使用方法上是一致的。省略号表示文中的省略部分，省略的部分可能是引文的一部分，也可能是重复的语句，或者是同类人和事。省略号还表示对话中的沉默，语言的中断或者欲言又止。省略号前后不需要其他标点符号，需要注意的是汉英语言中省略号的不同书写方法。汉语省略号是六个实心黑点，英语中是三个实心黑点。书名号表示书籍、报刊、篇章、剧作、影视或者歌曲的名称。汉语中一般使用"《》"，而英语中常使用引号、斜体或者下画线来表示书名。

标点符号不仅起着语法的作用，还是文字内容的一部分，更可起到修辞的作用。标点符号不是游离于书面语言之外的装饰品，而是书面语言不可缺少的辅助工具。

汉语与英语的标点符号，不仅不尽相同，其使用习惯也存在着差异。因此，在汉译英的过程中，常常涉及到标点符号的改译、省略、添加等，根据具体情况做出灵活的变化。

13.3.1 省译标点

汉语喜欢用短句，英语喜欢用长句。所以，在汉译英时，往往就需要省译标点。例如：
1. 正月十五元宵节那天，到处悬挂着大红灯笼，庆贺春天来临，还要吃芝麻汤圆。

The fifteenth day after the Chinese New Year is the Lantern Festival. Red lanterns are lit everywhere to celebrate the advent of spring, and a sweet dumpling stuffed with ground sesame is the specialty of the occasion.

2. 矛盾不断出现，又不断解决，这就是事物发展的辩证规律。

The ceaseless emergence and ceaseless resolution of contradictions constitute the dialectical law of the development of things.

汉语两个逗号，一个句号，英语只有一个句号。

3. 洗过澡，躺在深红色的沙发上，他才感到被晒了一天的背，火辣辣地疼痛。

It was not until he lay on the crimson settee after taking a bath did he feel the searing pain in the back that had been ex- posed to the sun for a whole day.

13.3.2 添译标点

虽然汉译英时往往省译标点，但相反的情况也会出现，即添译标点。例如：
1. 路上要走好几天，并且在好几个地方停留，其中一处是山东西北部的临清，据说那里盗贼相当猖獗。

The journey would take several days. He had to make a number of stops on the way, one of them being in the suburbs of Linqing, in northwestern Shandong, an area reportedly infested with bandits.

汉语三个逗号，一个句号。英语三个逗号，两个句号，译文多了一个标点符号。

2. 在每首诗的汉语原文下面还标有拼音，以便国内外读者阅读这些诗歌的原文时作参考。

Chinese phonetic transcription (Pinyin) is given under the Chinese text so that it is easier for both Chinese readers and foreign readers to read these poems in the original.

"拼音"，被意译为 Chinese phonetic transcription，后缀其汉语拼音，并放在括弧里，可谓一词双译。使译文更为严谨。有时括号内还可以补充部分信息，作为对括号前译文的补充。

13.3.3　改译标点

除标点符号的省译和添译，还有一种常见的情况，即标点符号的改变，这种情况在汉译英中更加常见。例如：

物价只会上涨，不会下跌。

Prices are going up all the time; they will never go down.

汉语一个逗号，一个句号。译文却将其中的逗号改成了分号。如果不是这样，译文就有语法错误。当然，也可以保留逗号，随后添加一个连词 and。这属于英语语法的问题了。保证语言的正确性，是对译文的最低要求。

最后，我们需要注意的是，在处理电子文本时，汉语和英语的标点符号一定要在相对应语言的输入状态下才可以呈现出正确的形式。

练习十三

翻译下面汉语短文。

1

讲求实利的西洋人，向来重视这季节，称之为May（五月）。May是一年中最愉快的时节，人间有种种的娱乐，即所谓May-queen（五月美人）、May-pole（五月彩柱）、May-games（五月游艺）等。May这一个字，原是"青春""盛年"的意思。可知西洋人视一年中的五月，犹如人生中的青年，为最快乐、最幸福、最精彩的时期。这确是名副其实的。但东洋人的看法就与他们不同：东洋人称这时期为暮春，正是留春、送春、惜春、伤春，而感慨、悲叹、流泪的时候，全然说不到乐。东洋人之乐，乃在"绿柳才黄半未匀"的新春，便是那忽晴、忽雨、乍暖、乍寒、最难将息的时候。这时候实际生活上虽然并不舒服，但默察花柳的萌动，静观天地的回春，在精神上是最愉快的。故西洋的"May"相当于东洋的"春"。这两个字读起来声音都很好听，看起来样子都很美丽。不过May是物质的、实利的，而春是精神的、艺术的。东西洋文化的判别，在这里也可窥见。

——丰子恺《春》

2

　　盼望着,盼望着,东风来了,春天的脚步近了。

　　一切都像刚睡醒的样子,欣欣然张开了眼。山朗润起来了,水涨起来了,太阳的脸红起来了。

　　小草偷偷地从土里钻出来,嫩嫩的,绿绿的。园子里,田野里,瞧去,一大片一大片满是的。坐着,躺着,打两个滚,踢几脚球,赛几趟跑,捉几回迷藏。风轻悄悄的,草软绵绵的。

　　桃树、杏树、梨树,你不让我,我不让你,都开满了花赶趟儿。红的像火,粉的像霞,白的像雪。花里带着甜味,闭了眼,树上仿佛已经满是桃儿、杏儿、梨儿!花下成百成千的蜜蜂嗡嗡地闹着,大小的蝴蝶飞来飞去。野花遍地是:杂样儿,有名字的,没名字的,散在草丛里,像眼睛,像星星,还眨呀眨的。

　　"吹面不寒杨柳风",不错的,像母亲的手抚摸着你。风里带来些新翻的泥土的气息,混着青草味,还有各种花的香,都在微微润湿的空气里酝酿。鸟儿将窠巢安在繁花嫩叶当中,高兴起来了,呼朋引伴地卖弄清脆的喉咙,唱出宛转的曲子,与轻风流水应和着。牛背上牧童的短笛,这时候也成天在嘹亮地响。

——朱自清《春》

第十四章　汉语篇章英译（2）

汉语篇章英译首先要根据文本类型确定文本功能，然后对原文文本进行语篇分析，要弄清作者的意向，了解作者用什么语言形式营造了什么情景，对什么人传达了什么信息，收到了什么效果。翻译时要综合运用所学的语言文化知识，以及在语言各层次上所运用的翻译技巧，特别要注意译文的衔接与连贯，认真考虑如何用英语读者能接受的语言形式，在英语文化语境中再现原文文本的情景和信息，实现译文文本与原文文本的功能相似、意义相符。本章将具体介绍几种常见的非文学文本的英译。

14.1　广告文本翻译

广告是一种推销商品的手段，在工业革命、印刷业的推动下，借助各类媒体，以其独特的语言传播信息、引导消费、劝说消费者喜欢并成功购买所广告的商品或品牌。

广告文本的创作与翻译皆追求 AIDA 原则，也就是先引起受众的注意（attention），继而让其产生兴趣（interest），然后让他们产生购买产品或接受服务的欲望（desire），最后不仅心动，而且付诸行动（action）。

14.1.1　广告语言特点

作为一门集社会学、语言学、心理学、经济学、美学、文学、创意学、营销学、工商管理学等学科于一身的特殊劝说型语体，广告语言具有辞藻华丽、修辞丰富的特点。同时从语言形式上来看，为了让广告深入人心，广告语又多采用大众化口语体，言简意赅、行文工整、对仗押韵。

14.1.2　文化差异

不同国度、环境、种族和宗教信仰会使人们对商品的认知角度、审美情趣、消费观念和心理联想等产生差异，表现在广告文化创意上，各民族也有各自的文化特色。有人说，英式广告发于头脑止于心，是一种知性的广告，可引人思考；法式广告，发于心止于头脑，是一种感性的广告；美式广告，发于头脑止于钱包，是一种完全实用性的、讲效率的广告。英、法、美的广告都反映出了它们本国的文化特色。同时，各国的广告都很重视创意。中国的广告产业起步较晚，但是发展很快。早年的广告受传统文化的影响，普遍都注重权威性，在广告语言中常出现诸如"XX金奖、银奖、世界一流、国优、省优、部优"等较抽象且直接的表述。

14.1.3 翻译技巧

广告翻译需要处理好不同文化之间的差异，实现文化信息的传递与沟通。首先，译者必须真正了解广告产品，熟悉商品知识，懂得商业心理，理解广告语篇的内容及其艺术形式，发挥想象力和艺术灵感，选用最合适的译法，从目的语中挑选恰当的词语和合适的句式重组源语信息的表层形式，实现深层结构的语义对等，从而有效地再现源语广告的内容。

汉语广告钟情于四字成语、警句典故，这样显得结构工整、言简意赅、寓意深长、含义丰富。翻译成英语时，应分析两种语言的相同点和不同点，尽可能采用相同或相似的修辞手法，切不可因文损义；或抓原文关键词语、深层意义或言外之意，译文尽量凸显关键词语或深层意义；或可对原文关键词语、深层意义或言外之意进行扩展引申，脱离文本，从而上升为一种人文和社会关怀。

比如"不同的肤色，共同的青岛啤酒。"英译为："People's skin colors are different—far and near, but their choice is the same—for Qingdao Beer." 汉语原文有两个分句，第一句五个字，第二句七个字，其中 "不同的" 和 "共同的" 对仗，语法功能相同，都作定语，组成名词词组，中心词为 "肤色" 和 "啤酒"，译文打破了原文的框架，改变了原文的语法结构，都用"主-系-表"结构，并让 different 和 the same 作表语，形成对仗，考虑到押韵问题，分别用副词短语 far and near 和介词短语 for Qingdao Beer 作状语。虽然原文中没有"全世界"或"世界各地"，但"不同的肤色"已暗含此意，正好符合英语固定短语 far and near（远近，到处）之意，而且这样又和 for Qingdao Beer 形成押头韵的效果。表示不管世界上什么地方、什么肤色的人种，大家都有一个共同的爱好，那就是喜欢青岛啤酒。

商品的商标如同人的名字一样，是代表商品的符号。商标在产品的销售中起着重要的作用。驰名商标在消费者心中就是可靠的质量和优质的产品、合理的价格和良好的服务。好的商标寓意深刻，引人注目，易给消费者留下深刻印象。商标汉英翻译涉及语言、文化、背景知识等，要求译者具备丰富的英语词语搭配的能力、语言的创造力和想象力。翻译汉语商标在很大程度上依靠译者的这种创造性和想象力，才会译出那种所需要的情调和意味来。如象征青春、艳丽的 "芳、黛、婷、倩"，代表吉祥的 "喜、乐、福、万、发、寿、康" 等经常出现在中国商品名称里是中国人的民族心理体现，所以也常常用来对译西方品牌名称，如 "雅倩""七喜""家乐福""福特""潘婷"等。匹克鞋服品牌的广告宣传语 "我能，无限可能"，按照西方人的思维方式翻译成 "I can play" 就能够达到简单且丰富的宣传效果，从而轻而易举地吸引西方消费者的眼球。正因如此，匹克这一鞋服企业很快就在海外市场打响了品牌，并逐渐得到了西方消费者的认可和推崇。要想让中国的知名品牌增加海外影响力，就要充分考虑商品输入国的文化背景和民俗风情，翻译过程要注意"接地气"和"本土化"，通过有效的广告翻译"讲好中国商品的故事"。

《中华人民共和国广告法》规定：广告应当真实、合法，符合社会主义核心价值观的要求；广告中对商品的性能、产地、用途、质量、价格、生产者、有效期限、允许或者对服务的内容、形式、质量、价格、允诺有表示的，应当清楚、明白；广告不得含有虚假的内容，不得欺骗和误导消费者；广告不得使用"国家级、最高级、最佳"等词语。因此，任何违反规定要求的译文，都是不合格的。译者在从事广告翻译的过程中，也要遵纪守法并能灵活变通，使译文在语言、文化方面都符合译入语广告的要求。

14.2 旅游文本翻译

旅游文本的功能是通过对景点的介绍、宣传，扩展人们的知识面，激发人们旅游、参观的兴趣。因此，旅游翻译的最终目的就是通过传递信息来吸引旅游者。翻译这类资料，译者要考虑到译文的可读性及读者的接受效果，译者的自由度相对较大。在旅游文本翻译过程中遇到的最大问题仍然是文化差异造成的交际困难。

14.2.1 文本特点

汉语的旅游文本主要有描绘自然风景的描写文和介绍历史人文景观古迹的说明文。描写景物的特点之一是诗情画意，带有强烈的主观审美色彩。一般而言，汉语的景物描写大多文笔优美，用词凝练含蓄、音韵和美，语言近乎诗化，景物刻画不求明细，讲究"情景交融""意与境混"的"诗情画意"艺术境界，追求一种意象的朦胧之美。英语则不然，英语在描写景物时，其表达总是那么客观具体、精细深刻的，描绘直观可感，没有汉语那么多的意象思维和情感色彩，没有那么多的委婉和浓缩，在写景手法上多诉诸具象的景物罗列使之形象鲜明可感，具有一种真实自然的理性之美，与汉语的写景手法形成鲜明对比。

受汉民族写作美学的影响，汉语旅游篇章用词雍容华贵，词藻华丽，四字结构，文采浓郁，格律工整，诗情画意，意趣盎然，尤其擅用古典诗词名句，和谐相生，寓情于景，迎合汉民族的审美思维习惯，让中国旅游者陶醉于优美词句之中，激起无限美好的联想，获得审美感受。其中不乏夸张之词，用以烘托感性效果。

对于说明文式的景点介绍，中英文化都强调信息的准确和详实，诸如历史沿革、时间、地点等。读者通过这类景点介绍可以获取大量信息，完成对人文景观的全面认知，激发旅游兴趣。

14.2.2 翻译方法

翻译汉语旅游文本，译者需要依照英语民族的理性思维方式和表达习惯，对朦胧、空灵、借景抒情的汉语描写进行直观具体的改造，具体来说就是对原文不符合英语习惯的多余词句和语序进行必要的改造调整，更好地服务于读者。既不能不顾及英语的表达习惯和读者的接受能力，让英语就范于汉语的概念和意象，追求语言文字和信息量的"对等"转换，也不能因两种文化差异造成的"词汇空缺"而回避困难。如汉语的四字成语，对仗工整，辞格韵律，节奏铿锵有力；形容恰如其分，用词准确优美，饱含民族精神，给人以自豪感，符合汉语美学文风。但英语译文一定要虚实转换，灵活变通，既让英语读者接受美学视野，也能给读者以真实感受。如描写景点的地理位置常用"依山临海，天姿秀美，气候凉爽"等，皆属泛意描写，翻译时可调整语序，突出中心，单独成句，译为wedged between hills and waters, the city is endowed with beautiful scenery and a delightful climate, 其语用和功能意义全在。

对一些夸张的词语进行缩小还原，从整体考虑，筛选中心信息、细分亲疏关系，打破原文框架，重组结构，删去使目的语读者感到陌生且费神的信息。比如：南岳衡山岩壑深幽，寺院棋布，郁郁葱葱的森林中，流泉飞瀑点缀；这里人杰地灵，是湖湘学派的发源地，书院盛行，人文浓郁，历史厚重。这块神奇的土地为历代帝王、名人所仰慕。

把第一句中的"南岳衡山……"和最后一句中的"这块神奇的土地为历代帝王、名人所仰慕"首尾取意并增添"人文浓郁"（ancient culture），合译为：Mt. Hengshan, a holy place worshiped by ancient emperors and scholars, is renowned for its beautiful scenery and ancient culture, 置于段首，然后再把 "岩壑深幽，郁郁葱葱的森林中，流泉飞瀑点缀"这句话删"虚"就"实"，分译为 Here you will be attracted by the waterfalls and streams flowing through the forest and valleys 一句，紧跟其后。

一些旅游景点名称的翻译，比如属性名、通用名在英语里还能找到相对应的表达，可是专有名称确实难以找到对应的表达，这是翻译中最令人困惑的地方，更何况专有名称的翻译本身就十分复杂。我们要遵循翻译原则、尊重历史文化、坚持翻译创新。按照名称结构，以体现景区特点，突出行业特色为翻译原则。通常景点名称译文结构都是 "专有名称+通用名称"，比如 Qutang（专有名）+ Gorge（通用名），Yuntai（专有名）+ Mountain（通用名），Fengjie（专有名）+ County（通用名）等；除此之外，还可使用类比法，就是用"由此及彼"的方法使得旅游信息在英语读者中产生较为熟悉的反响，从而拉近读者与中国文化的距离。如把北京的王府井比作美国纽约的第五大街；郑州在国内铁路交通的位置比作美国的芝加哥等。例如：

青岛坐落在山东半岛南部，依山临海，天姿秀美，气候凉爽，人称 "东方瑞士"。

Qingdao, known as "Switzerland of the Orient", is situated on the southern tip of Shandong Peninsula.

把青岛类比为"东方瑞士"，known as "Switzerland of the Orient" 作插入语，不是说位置，而是比喻风光之美。

翻译说明性旅游文本时，重点是对文中信息的准确把握与再现。为便于英语读者对抽象的景点说明有较清晰的认知，翻译人名时，可适当补充其身份、地位、和功绩以及其他相关的知识和背景资料，使人物具体，显化明朗；在翻译地名时，可补充相关的知识和地理方位，使概念清晰，易于理解；在翻译朝代时，可补充该朝代的公元年份等，使时间有参照，准确对比，能使英语读者将他们陌生的中国历史年代与他们熟悉的历史或人物所处的年代联系起来，便于理解。

14.3 法律文本翻译

法律文本包括法令、规章制度、协议、合同、契约等，其首要特点是准确严谨，在遣词造句和行文程式方面都有严格的要求。翻译时，选择词语要慎重，不仅要做到公正（impartiality）、准确（accuracy）、合体（appropriation）、精练（clarity），还要体现目的语的语域特征。

14.3.1 法律文本的词语特点及英译

法律文本常用专业术语，措辞不带感情色彩，有时使用一些在其他领域已不再使用的文言连词和虚词，以示庄重。英译时，应注意使用英文中专门的法律套语或习语，尽量避免使用口语词，以便与汉语原文的文体相一致。比如在法律文本中不用before而用prior，不用but而用provided that，不用after而用sequent，不用tell而用advise，不用begin或start而用commence，不用use而用employ，不用according to而用in accordance with，不用show而用demonstrate等。尤其是一系列由here和there+介词组成的词语可以对应汉语中的"兹""在此""谨"等，如hereby（特此，兹）; herein（此中，于此）; hereinafter（此后，后来）等。法律文本多使用法律术语和行话、套话。在一个科学领域内，一个术语只表达一个概念，同一个概念只用一个术语来表达。术语最突出的特点是词义单一而固定，每个专业术语所表示的都是一个特定的法律概念，在使用时不能用其他任何词语来替代。例如：termination（终止）不能用 finish替代；invoke（援引）不能用quote替代；peremptory（最高）不能用supreme替代；a material breach（重大违约）不能用a serious breach替代。类似的词语还有burden of proof（举证责任），cause of action（案由），letters patent（专利证书）等；为避免歧义，法律文书不主张用词多样化，而更多地注重用词精确。因此，同一个词往往会在上下文中重复出现，很少用代词或同义词替代。翻译时，切忌选用不同的词表达相同的意思，而应与原文一样，重复使用同一个词，严格遵守法律用语前后一致的原则。如：

通过协商无法解决的争议应由争议方提交缔约各方，按本公约第五十五条的规定召开会议，该会审议并提出解决争议的建议。

Any dispute which is not settled by negotiation shall be referred by the Contracting Parties in dispute to the Contracting Parties, meeting in conformity with Article 55 of this Convention, which shall thereupon consider the dispute and make recommendations for its settlement.

词语并列是法律文本用词的另一个特点，为使国际条约表意准确和规范严谨，条约制定者在行文中大量使用词语并列结构，用"和"（and）或"或"（or）把两个或多个短语并列起来。这种并列结构有更强的包容性，同时也更加具有弹性。

14.3.2 法律文本的句法特点及英译

法律文本的句子一般都比较长，结构复杂。对原文的句法进行认真仔细的分析研究是正确理解原文并进行翻译的基础。

由于法律文件主要是下命令及做规定，说明必须做和可以做的事情。因此法律文件行文中谓语动词结构比较简单，最常见的结构是"应该……""可以……""必须……"等。英译时，一般采用与之对应的英语法律文件中常见的谓语动词结构即shall（should）+动词原形（完成式或被动式），may+动词原形（完成式或被动式）。例如：

当信用证要求除运输单据、保险单据和商业发票以外的单据时，信用证应规定该单据的出单人及其措辞或资料内容。

When documents other than transport documents, insurance documents and commercial invoices are called for, the Credit should stipulate by whom such documents are to be issued and their wording or data content.

法律文本修饰成分多而繁杂，英译时，应首先理清原文句子本身的内部结构、各层意思间的逻辑关系，把握语义，然后根据英语的语言特点和习惯，准确组织译文，表达清楚。如：

（1）任何缔约国（2）都予以适用其本国法（3）要求（4）集体商标或证明商标的（5）所有人（6）向其国家主管机关提出（7）一些证件或其他证明（8）特别要包括（9）持有这种商标的协会或其他团体的章程（10）和有关监督这种商标的使用的规则。

(1) Any Contracting State (2) may apply its national law (3) requiring (4) that the mark is a collective mark or a certification mark (5) the owner thereof (6) must adduce before its national office (7) certain supporting documents and other evidence, (8) including in particular (9) the bylaws of the association or other entity owning such mark (10) and the rules concerning the control exercises over the use of such mark.

从译文当中我们可以看出，为避免混乱和误解，句中一般不用代词。此外，各类法律文献都有一定的程式和体例。翻译时，一般遵循原文的总体安排，尽量保持原文的程式及体例，以求完整地反映原文的风貌。

14.4　科技文本翻译

科技英语（English for Science and Technology，简称EST）是从事科学技术活动时所使用的英语，是英语的一种变体（科技语体）。科技英语自20世纪70年代以来引起了人们的广泛关注和研究，目前已发展成为一种重要的英语语体。汉语科技文本的英译主要是针对描述、探讨自然科学各专业的著作、论文、实验报告，科技实用手段（包括仪器、仪表、机械、工具等）的结构描述和操作说明等的英译。科技文本的英译必须遵循科技英语的特点。

14.4.1　科技英语的特点

科技英语由于其内容、使用域和语篇功能的特殊性，还有科技工作者长期以来的语言使用习惯，形成了自身的一些特点，在许多方面有别于日常英语、文学英语等语体，主要表现在词汇和句法两个层面上。

首先，科技英语作为独特的语体，从词汇层面来讲，存在大量专业术语。专业术语指某一学科领域所特有或专用的语汇，其词义对于非专业读者来说不太容易理解，这些专业术语的特点是：词形较长，大多含有源于拉丁语、希腊语和法语的词根、词缀；多复合词，人们常常通过各种构词方法创造出一些复合词来表示科技发展中出现的新事物；多缩略词，为了使用便利和节省时间，科技英语有许多缩略词。这类词语的语义范围较为狭窄，意义较为明确固定，符合科技英语准确明晰的要求。当然，翻译科技文本的前提是必须要对相关专业领域有所了解。不仅要勤查词典，更要结合词的上下文及所在的专业领域来确定其真实含义。其次，科学技术发展迅速，相应的新词不断出现，而最新科技成果与信息又往往是翻译实践的主要内容，所以译者应随时关注相关领域的最新动态与发展，勤于动手和动脑，这样才能准确理解并再现那些新词的意义。

在句法层面上，科技英语多用名词化结构。为使行文简洁，科技英语中多用表示动作或状态的抽象名词或起名词功用的V-ing形式以及名词短语结构。但是为了将事理得到充分说明，也常常使用一些含有许多短语和分句的长句，同时还常使用许多逻辑关联词以使行文逻辑关系清楚、层次条理分明；多用一般现在时和完成时。这两种时态之所以在科技英语中常见，是因为前者可以较好地表现文章内容的无时间性，说明文章中的科学定义、定理、公式不受时间限制，任何时候都成立；后者则多用来表述已经发现或获得的研究成果；多被动语态，英语中的被动语态要比汉语中的多，在各种文体中都是这样，在科技英语中尤为突出。此外，被动语态所带有的叙述客观性也使得作者的论述更显科学从而避免主观色彩。

总之，科技文本以客观事物为中心，用词上讲究准确明晰，论述上讲究逻辑严密，表述上力求客观，行文上追求简洁通畅，修辞以平实为范，修辞格用得很少，语篇中有许多科技词汇和术语以及公式、图表、数字、符号，句子长而不乱。

14.4.2 科技文本的翻译

当前国际学术界的主要语言仍以英语为主，中国科技工作者的主要学术成果要想在国际上产生影响，很大程度取决于学术论文在国际期刊上的发表。目前，我国仍有相当大一部分科技工作者要依赖专业翻译，将自己的中文成果转换成英语发表。要做好科技文本的翻译工作，译者必须注意以下几点。

14.4.2.1 了解相关专业知识

由于科技文本涉及自然科学的各个领域，因此译者应有较宽的知识面，尤其要具备翻译对象所属学科的一些基本专业知识。为此，一般翻译工作者都应努力学习各科知识，成为一个"杂"家，要勤于向书本和专家求教，不可不懂装懂或是想当然乱译一通。

14.4.2.2 用词要得体

总的来讲，科技英语语体较为正式，因此翻译时要尽可能选择与该语体相当的较为正式的词语，行文要向严谨规范的书面语靠拢。此外，原文因语篇内容与功能的不同（如科普文章与学术论文）在语气的正式程度上也会有所不同，阅读对象的接受能力和文化层次也各异。翻译时应先对原文的正式程度和译文的潜在读者进行一番分析，以求得译文和原文在文体和功能上最大程度的对等。对于学术性和专业性较强的语篇中出现的正式程度高的语汇，译者也应将之译成正式程度相当的语汇。

14.4.2.3 熟悉相关文本格式

每一个国际学术期刊都有自己的一套写作要求和格式，中文学术论文的翻译不仅要符合一般论文的写作模式，还要符合不同刊物的不同要求。以科技论文的摘要翻译为例，学术论文的摘要一般由研究方法、研究目的、研究结论和关键词几部分构成。如：

摘要：建立了椭圆柱面透射光栅的数学模型，由光程差导出了平行光通过单个椭圆柱面的复振幅透过率，用傅里叶光学方法得到了椭圆柱面透射光栅在频谱面上的光强分布表达式，并利用MATLAB软件模拟出了衍射光强随椭圆轴变化的分布规律。

Abstract: The mathematical model of the transmission grating for an elliptic cylinder is established. The complex-amplitude transmission rate is obtained from the definition of an optical path when a parallel light passes through a singular elliptic cylinder; the expression of light intensity distribution in the spectrum is obtained for a transmission grating of an elliptic cylinder. And the distribution rules of diffractive light intensity are simulated based on the MATLAB language.

翻译时，可以先查阅专业词典，确定关键词，然后采用固定模式，将汉语中的主动句、无主句转换成英语中的被动语态，清晰地表达出研究方法和结果。

14.5 外宣翻译

外宣翻译就是把大量有关中国的各种信息，主要包括中国的国内外政治经济方针政策以及各种文化，从中文翻译成外文，通过纸媒、影视作品、多媒体、互联网以及国际会议，对外发表和传播。外宣翻译工作的重要性和新特点是伴随中国国际地位的变化而出现的，外宣翻译就是为党和国家的大局服务的。讲好中国故事，传播好中国声音。黄友义认为翻译中国的政治话语，应遵循两条根本原则：第一，对中国的政治话语体系要有一个深刻的理解，到底是怎么回事，动手翻译前自己要先把中文的含义搞明白；第二，在翻译成英文时，不要觉得只用一种翻译方法或表达即可应对，要尝试好几种方法，看看哪个更适合外国人理解，特别是一些政治新词，可在周边的外国人身上试问一下，向他们请教，和他们商量，选择既没有歧义，又能充分表达中文意义的方式或表达。要做到这两点，当然有相当的难度。但是，正因为外国人感兴趣，外宣译者更应全力以赴，因为这正是中国阐述自己政治理念的机会，也是构建中国自身话语体系的机会。

14.5.1　外宣文本的词语特点及英译

在我国的外宣文本中，经常存在一些关于政治经济的习俗语。这些习俗语通过形象的表达将难于理解或较抽象的政治经济概念表述得一目了然。但是，由于文化差异的影响，不同民族对同一形象往往产生不同的联想和体会。因此，形象表达与指称意义的解读有时就成了翻译中的难点。若两种语言中的形象与喻义刚好巧合，这种转换就比较顺利。在形象和喻义难以两全的情况下，通常舍形象，保喻义，因为意义是第一位的。如：

1. 建立"一站式"服务中心，为外国投资者提供审批业务"一条龙"服务。

to set up the "one-stop" Service Center to provide a coordinated process service for foreign investors in obtaining approval.

"一站式""一条龙"是非常形象生动且经常出现在政治经济语境下的表述，译文直译"一站式"，但"一条龙"仅凭"one dragon"难以阐释其含义，用a coordinated process service（一系列相关服务）与前面的"one-stop"遥相呼应，清楚地表达了原文的核心意思，达到了有效传播。

2. 其间多次实行权力下放，但都只限于调整中央和地方、条条块块的管理权限。

We tried to delegate power to lower levels on a number of occasions. But this was limited to readjusting the administrative power of the central and local authorities and of the different departments and regions.

该句中，"条条块块"形象生动地说明了部门之间、地区之间复杂的行政关系，简化为"部门之间的关系"更加简洁明了、明白易懂。

3. 十年来最大的失误在教育。一手比较硬，一手比较软。

The most serious error in the previous ten years were made in education. Some things were stressed while others were neglected.

"硬"和"软"形象地比喻政府对待任务的重视程度，不是 hard和soft 的关系。

政治经济用语的字面意义与内涵表达通常也是有较大差距的。不看具体语境究其内涵意义，很难想到它们相应的正确英语表达。仅仅根据其字面意义，这类用语无法译出，即使查字典，也常常无从查起。因此，必须吃透原文，从整个篇幅着手，不拘泥于个别字句，注重特定语境中上下文的关系，注重文化差异，译出其内涵意义。如：

1. 农转非

changing from agricultural to non-agriculture status

2. 扫黄打非

to wipe out pornographic publications and crack down on illegal publishing practices

3. 分光吃光

total distribution and total consumption

4. 积极鼓励社会力量办学，以调动各方面办学的积极性。

We shall encourage the running of schools by non-governmental sectors so as to bring the initiative of all quarters into play.

再如，"摸底"这个词，对我们国人来讲，是个非常有生活气息的表达，使用的范围广泛，在口语和书面语的表达中都不陌生。"摸底"的意思也常常随着语境的变化而变化，词典里的释义只是其基本含义，更多的释义取决于译者的理解和表达。如：

1. 这次我们摸了一下美国军队的底。

This time we have taken measure of the U.S. armed forces.

2. 请同志们摸一下农民用粮的底。

Please investigate how much grain the farmers actually consume.

3. 如果想摸底，这又是一个底，这是一个带根本性的底。

If you want to sound us out, there is one thing you will learn, a thing which is fundamental in nature.

4. 我和许多地方同志摸了这个底。

Together with many local officials, I have made an estimate.

14.5.2　外宣文本的句法特点及英译

我们要翻译的汉语外宣文本在创作之初主要考虑的读者是汉语读者，所以文本善于使用分句铺排结构，以表达丰富的情感，突出贡献或影响。或者使用动词连贯句，凸显采取措施和取得成效，句子往往较长，造成主语和谓语之间距离过远，这与英语的主谓主干结构和明显的逻辑主次关系恰恰相反。翻译时需将纷繁的汉语结构进行适当调整，代之以主谓清晰的英语句式。如：

1. 要着眼于搞好整个国有经济，抓好大的，放活小的，对企业实施战略性改组。

Aiming at improving the state sector of the economy as a whole, we shall effectuate a strategic reorganization of state-owned enterprises by well managing large enterprises while adopting a flexible policy towards small ones.

2. 广大文艺工作者要深入群众，深入生活，汲取营养，丰富自己。

Writers and artists should get nutrition, and enrich themselves by immersing themselves among the masses, and by plunging into the thick of life.

3. 中国经济成功地进行了"软着陆"，这是宏观经济调控的结果。它控制了通货膨胀，避免了经济的大起大落，保持了经济的快速增长。

The Chinese economy has successfully made a "soft landing", a result of macro-economic control, which has curbed inflation while maintaining rapid economic growth without major fluctuations.

4. 各级政府都要切实加强对改革的领导，扎扎实实地做好工作，不断把改革推向前进。

The government at all levels should strengthen their leadership in these reforms and do a solid job of propelling the reform forward.

一些常见的汉语表达诸如"胜利召开,热烈欢呼,认真执行,彻底粉碎""不切实际的幻想,毫无根据的诽谤",如果如实翻译就成了英语中不合逻辑的表达:successfully convened; thoroughly smash; impractical illusion; groundless defamation。对于汉语读者来说,使用很多副词和形容词修饰语来加强语气很常见,并不会引起读者的反感。但是如果不加节制地滥用,则会适得其反。近年来,国家层面尤其重视对浮夸华丽的文风进行整顿,汉语的外宣文本也尽量追求文风明丽,意简言赅。英译时绝不可逐字照译,应仔细斟酌,删繁就简,尽量舍去华丽的词汇、言过其实的形容、过分夸张的修辞,让译文回归自然、还原本真面孔,译出主要精神、重点意旨。如:

政府正式禁止在公共场所吸烟。

Smoking in public is officially prohibited by the city government.

"Prohibit"本身就是"正式禁止"之意,因此 officially 就显多余了。

再如,以下汉语句子中的画线部分均为重复修饰,完全没有必要如实译出。

1. 中国政府将采取更加有力的措施,进一步健全耕地保护制度,切实加强基本农田保护。

Chinese government will adopt still more effective measures to improve the land preservation system and strengthen the protection of basic farmland.

2. 采取一系列措施,全面提高粮食综合生产能力。

A series of measures will be adopted to increase China's comprehensive grain production ability.

3. 本世纪末初步建立起社会主义市场经济体系,然后再经过二三十年时间的努力,在各方面形成一套更加成熟、更加定型的制度。

We should establish a socialist market economic structure by the end of the century and then, during the next twenty or thirty years, build up an all-round economic system with a complete set of mature and fixed practices.

4. 继续开辟和疏通多种渠道,切实保障人民群众的民主权利。

We should continue to open channels to guarantee the people's democratic rights.

5. 扩大对外开放程度,提高对外开放水平。

China plans to open further and expand the level of opening to the outside world.

6. 加快改革是城市经济进一步发展的内在要求。

Expediting reform is a prerequisite for the growth of the urban economy.

过去我们学外语是为了把外国文学翻译成中文,而现在已远不止这个,学好外语是为了理解外文的思维习惯,了解外国人对中国信息的需求,了解他们对中国的疑问、怀疑,甚至是误解,然后用我们的表述向他们做出解释与传播,这就超过了原来的语言与文学范围。为了构建中国话语体系,既要对外国人有深入了解,也要对我们自己的政策深入了解,还要用现代的传播手段,将我们的信息传播出去,这样会大大提升对外传播的效率与效果。中国声音,要传诸四海、达于八方,译者尤其要谨记外宣翻译的特点,充分考虑来自文本、受众媒介等多方因素,摒弃对原文的盲目"忠实",还可适当地"背叛"以选择最有效的翻译手段,这样才能达到事半功倍的效果。

练习十四

一、搜集身边的精彩双语广告语并与小组成员讨论：广告语言好在哪里？翻译是否成功？还有更好的翻译吗？

二、翻译下面两个旅游文本。

1

云台山以山称奇,以水叫绝,以林冠幽,以史诲人。

这里四季分明,景色各异。春来冰雪消融,万物复苏,小溪流水,山花烂漫,是春游赏花、放松休闲的好去处；夏日郁郁葱葱的原始次生林,丰富独特的飞瀑流泉,造就了云台山奇特壮观,如诗如画的山水景观,更是令人向往的旅游避暑胜地；秋季来临,层林尽染,红叶似火,登高山之巅,观云台秋色,插茱萸,赏红叶,遥寄情怀；冬季到来,大自然又把云台山装扮得银装素裹,冰清玉洁,但见群山莽莽苍苍,雄浑奇劲,不到东北就可以领略到壮美苍茫的"北国风光"。

2

南海禅寺位于汝南县城南,宋代僧人在此兴建吉祥寺。明代仿照南海普陀寺的规模,增建观音阁,其规模略小于南海普陀寺,故称"小南海"。20世纪80年代以来,著名高僧明乘法师主持扩建南海禅寺,使之成为亚洲规模最大的寺院。其主体建筑大雄宝殿基础80米见方,形制与规模超过北京故宫的太和殿、山东曲阜孔庙的大成殿。

三、翻译以下协议。

中国XX大学与英国XX大学英语及相关专业合作协议

甲方：中国XX大学

XX大学位于中国XX省XX市,是一所经我国教育部批准的公办本科高校。

乙方：英国XX大学

XX大学位于英国XX市,是经英国政府部门批准的公办高等教育机构。

为深化两校合作与交流,甲乙双方达成如下协议：

1. 合作范围

双方一致同意在英语、翻译、商务英语等专业领域开展合作,合作范围涵盖但不限于以上领域。

2. 合作形式

（1）教师学术交流、培训、进修、访学、攻读学位。

（2）联合开展课程教学。

（3）联合开展科研。

（4）学分互认。

（5）学生交流、短期培训、攻读学位。

3. 合作内容

（1）为双方师生到对方访学、进修或开展各种形式的学术文化交流与合作提供支持。

（2）双方互认英语、翻译、商务英语专业的学分。甲方学生可以通过"2+2"或者"3+1"的形式到乙方继续攻读相关专业学位，成绩合格，将获得乙方学士学位。在乙方学习期间所取得的学分受甲方认可，符合甲方毕业要求者将获得甲方学士学位证书。甲乙双方为学生到对方交流和对接连读提供奖学金和其他相关支持。

（3）定期召开会议，商讨交流与合作的计划和运行情况。

（4）对双方的交流与合作进行年度评估，并提交年度报告。

4. 协议签字日期及有效期

本协议于XXXX年X月X日签订，协议自双方签订之日起生效。如任何一方要求终止，应提前六个月以书面形式通知对方，并保障正在开展的教师合作与交流顺利完成。如双方无异议，协议自动顺延。

5. 协议语言与版本

本协议使用中英文书写，具有同等效力。签字协议一式两份，双方各执一份。

甲方：XX大学　　　　　　　　　　　乙方：XX大学

代表：XXX　　　　　　　　　　　　代表：XXX

职务：副校长　　　　　　　　　　　职务：副校长

签字：　　　　　　　　　　　　　　签字：

四、翻译以下句子。

1. 直流电是一种总是沿同一方向流动的电流。

2. 结构材料的选择应使其在外界条件中保持其弹性。

3. 由于摩擦而产生的力称之为摩擦力。

五、翻译以下短文。

全面建成小康社会，是中华民族的伟大光荣。从百年前饱受欺凌屈辱到实现全面小康，中华民族无比自豪地站立在世界民族之林。全面建成小康社会，中华民族孜孜以求的美好梦想成为现实，标志着实现中华民族伟大复兴向前迈出新的一大步，中华民族迎来了从站起来、富起来到强起来的伟大飞跃。全面建成小康社会，彰显了中华民族对美好生活的向往追求和历经磨难始终不屈不挠、敢于斗争、敢于胜利的精神品格，极大增强了民族自信心和民族自豪感，极大增强了中华民族实现伟大复兴的能力和力量。

全面建成小康社会，是中国人民的伟大光荣。从百年前受奴役、受压迫到物质上富起来、精神上强起来，中国人民无比自豪地行进在中国特色社会主义道路上。幸福美好的小康生活，凝聚着中国人民的聪明才智，浸透着中国人民的辛勤汗水，淬炼了中国人民自强不息的奋斗精神，彰显了中国人民为实现梦想顽强拼搏、"敢教日月换新天"的意志品质。中国人民生活水平显著提升，道路自信、理论自信、制度自信、文化自信极大增强。中国人民是勤劳勇敢的人民，是伟大、光荣、英雄的人民。

全面建成小康社会，是中国共产党的伟大光荣。从百年前只有50多名党员到拥有9500多万名党员、领导着14亿多人口大国、具有重大全球影响力的世界第一大执政党，中国共产党无比自豪地走在时代前列。全面建成小康社会，兑现了党向人民、向历史作出的庄严承诺，彰显了党为中国人民谋幸福、为中华民族谋复兴的初心使命，彰显了中国共产党是中国人民攻坚克难、开拓前进的领导者和主心骨。党用实际行动，赢得了人民的信赖和拥护。

全面建成小康社会，是中国对世界的伟大贡献。从百年前山河破碎、衰败凋零到今天蓬勃发展、欣欣向荣，中国无比自豪地屹立在世界东方。中国全面建成小康社会，既发展自己，也造福世界。不断富裕起来的中国人民，不断发展进步的中国，为维护世界和平、促进共同发展注入了正能量，彰显了构建人类命运共同体、建设美好世界的中国力量。

选自《中国的全面小康》白皮书前言部分

第十五章 新闻编译

新闻编译是一种有别于传统翻译的语言实践活动。国际新闻传播中的翻译并非语言之间的简单转换，而是需要根据不同受众的需求在内容和形式上做相应的调适与改写。为了更为准确地描述新闻翻译，"新闻编译"这个新术语便应运而生了。为了满足不同目标读者的需求，需要对新闻译文进行适当编辑，从而凸显编辑在翻译过程中的重要作用。尽管不同学者对新闻编译的认识有所不同，但他们普遍认同新闻翻译不仅涉及新闻文本的语言转换，而且涉及信息的选择、再解读、再语境化，最后进行适当编辑与改写。

15.1 新闻编译的意义

新闻编译既是信息传输，又是语言转换，同时也是文化沟通，发挥着整合、加工、传递乃至阐释的复合功能。在新闻编译中，译者既应遵循基本的翻译伦理、忠实于原文，又要理性取舍变通、适应目的语国家的意识形态、满足目的语读者的心理预期。从国际话语流通的角度看，新闻编译背后隐藏着国家之间的话语角力。一直以来，美国联合通讯社、英国的路透社以及法国新闻社等三大国际新闻机构不仅通过英、法等语言进行报道和传播新闻，而且将新闻编译成世界其他语言在目的语国家传播，从而扫清语言屏障，使西方新闻机构的新闻话语得以更大范围地在全球传播。为了在国际新闻话语场上发出自己的声音，更好地对外宣传国家形象，发展中国家纷纷组建本国的新闻通讯社，将本国的新闻通过编译成英语等世界通用语言的方式进行对外传播，实现自我叙事，形成国际新闻话语的流动与竞争态势。

15.2 新闻编译的方法与原则

15.2.1 新闻标题的编译

标题是对内容的提炼总结，新闻标题的合理建构能帮助编译成功地实现其叙事目的。在新闻编译中，改换标题的现象俯拾即是。标题重构能帮助译者迅速构建全新的诠释框架，其目的之一是赢得民众对叙事的支持，树立国家形象。如：

1. 国家卫生健康委员会：我国本轮疫情流行高峰已经过去（《北京周报》2020-03-13）
   China Focus: China says its COVID-19 peak is over　(*Beijing Review*　2020-03-13)

上面例子的原文是《北京周报》对新冠疫情的一篇报道，标题的语气和角度都站在了国人的立场上，拉近了传播主体与新闻读者的心理距离，对国内读者而言自然而亲切，产生强烈的情感呼唤效果。然而，英语新闻在再语境化的过程中指向了不同的目标受众。应对这一变化，编译者将原文中"我国"编译成 China，调整了新闻叙事的角度和立场，以第三方的视角进行新闻叙事，使编译的新闻话语在西方受众看来更为客观、公正，有利于构筑新闻话语在西方受众心中的可信度。

对外新闻编译遵循"内外有别"的原则，普遍使用的策略是对所选用的内宣新闻的宣传味进行适当的含蓄化和淡化。此举有利于构筑可信、客观、中立的对外新闻话语，提高外宣新闻对目标受众的影响力和说服力。例如：

2. 乌镇盛况空前，唱衰者顾影自怜（《环球时报》2015-12 -16）

Wuzhen showcases China's Net prosperity (*Global Times* 2015-12-16)

上例为《环球时报》及其英文网 *Global Times* 针对同源新闻刊出的中英文本。通过对比，我们可以看出，中文新闻面向的是国内读者，新闻标题不仅报道了大会的盛况，而且对西方媒体唱衰乌镇举办互联网大会的做法做出了回击，立场鲜明。而经过编译后的英文标题只保留了中文标题的前半部分，删除了略带火药味的后半段内容，进行了弱化宣传口吻的处理。

15.2.2 新闻导语的编译

新闻导语是一篇消息的开头部分。它用简短的语言介绍主要内容，揭示新闻主题；或采取其他生动的形式激发读者的阅读兴趣。新闻写作要求简明扼要，开门见山。从读者的欣赏规律来看，读者阅读一篇新闻，主要是想了解新闻事实，而不是像阅读文学作品那样获得美感享受。为适应读者这一心理要求，很有必要尽快地将最有新闻价值的事实告诉他们。因此，对外新闻编译中译者需要适应受众的阅读期待，采取措辞调整、信息取舍及语篇重构等策略，重构贴近目的语文化的新闻导语。如：

"胖五"归来！长征五号运载火箭成功发射实践二十号卫星

新华社海南文昌12月27日电（记者陈芳、胡喆）金色巨焰，映透山海。12月27日20时45分，长征五号遥三运载火箭在中国文昌航天发射场点火升空，2000 多秒后，与实践二十号卫星成功分离，将卫星送入预定轨道，任务取得圆满成功，这是长征系列运载火箭第323次发射……（新华网 2019-12-27）

China's Largest Carrier Rocket Long March-5 Makes New Flight

China launched the third Long March-5, the largest carrier rocket of the country, from Wenchang Space Launch Center in south China's Hainan Province on Friday evening… (*Xinhuanet* 2019-12-27)

这是一个关于长征五号运载火箭成功发射的新闻报道及导语。首先，译者对内宣口吻的词汇进行了处理，如删除了"胖五归来"和"金色巨焰，映透山海"两处语段。和我国自主研制的重型运输机"运20"的"胖妞"绰号一样，国人将我国新一代重型火箭称为"胖五"，除了用来描述其体格粗壮的特点，还表达了国人对祖国所取得的科技成就而产生的自豪感。导语中的"金色巨焰，映透山海"，文笔优美，和"胖五"一样，既写景又抒情，对国内读者而言具有很强的情感诉诸效果。然而，对国外读者而言则无法感同身受，因为立场不同，对新闻价值的判断也迥然不同。因此，译者删除情感色彩强烈和措辞文雅的语段，只保留了事实性信息。再者，译者还进行了信息取舍与语篇重构，将导语中细节性信息下移到主体段。最后，在日期表达上，由于英美读者惯用星期而中国读者对日期更为熟悉，因此编译中将具体到分钟的日期改为目的语受众更习惯的星期Friday evening。译文导语仅用 26 个单词便清晰地呈现了新闻事件的基本要素，方便读者快速获取最主要的新闻信息，吸引其进一步阅读全文。

另外，新闻编译中也需适时对抽象化表述做具体化说明，满足外国读者对信息获取的期待，如在《北京周报》中文版2020年3月13日的报道"国家卫健委：我国本轮疫情流行高峰已经过去"中，记者援引了国家卫生健康委新闻发言人、宣传司副司长米锋在新闻发布会上的表述：疫情发生以来，中国举全国之力，采取最全面、最严格、最彻底的防控举措，为国内及全球其他国家和地区做好疫情防控准备赢得了宝贵时间。"最全面、最严格、最彻底"的疫情防控对国内读者而言感受深刻，对于国外受众而言却很难产生有效的关联，不仅容易产生交流障碍，还会质疑三个最高级的使用，很难让他们对中国采取的防控措施产生清晰的认识。《北京周报》的英文版把概括性描述转换为具体措施的呈现，既避免了过重的宣传腔又便于读者自己从事实中得出结论。上述英文版为：China has mobilized the whole country's resources to contain it. Cities were locked down, experts and supplies sent to the epicenter, and hundreds of millions of people across the country stayed at home for weeks to enforce social distancing. (Beijing Review 2020-03-13)。

15.2.3 新闻主体的编译

新闻的正文也即主体部分，中文稿件大多数段落都遵循固定的模板，即在一个段落中以主题句开启，按照时间或空间的顺序填充事件信息、评论等。

新闻编译的操作层面可以是短语、句子和段落，主要表现为词与短语、短语与短语、分句与分句之间的编辑行为，其结果是形成新的句子或句群，或者根据需求将原文较大的语篇单位分为较小的语篇单位。

对外新闻编译是对外话语实践的一部分，是对外讲好中国故事、传播中国声音的重要实践。虽然我国对外话语体系建设已经取得了显著的进展，国际社会对中国故事的认知度和认可度日益提高，但西方国家对中国的误解依然比较明显。为了实现对外新闻编译"传播中国，影响世界"的预期目的，编译者应在充分了解和借鉴西方话语交流模式的基础上，建构国外受众听得懂、愿接受的对外新闻话语，以提高我国对外传播影响力和国际话语权。

练习十五

一、找一篇近日的新闻报道，然后将之进行恰当的英文编译。

二、对比中外不同媒体对同一新闻事件的不同报道，和小组成员讨论：这些报道是客观、公正的吗？造成差异的原因在哪里？

第十六章　中国文化的翻译

　　语言和文化是相互依存，不可分割的整体。从本质上讲，翻译是两种语言和文化之间的转换，是一种跨语言、跨文化的交际活动。译者不仅要有双语能力，还要熟悉和了解双文化和多文化知识，特别是要对两种语言的民族心理意识、文化形成过程、历史习俗传统、地域风貌特征等一系列互变因素有一定的了解，才能完成文化信息的正确传递。随着我国科技的发展，民族文化的振兴和综合国力的增强，中国文化对世界文化的影响会越来越大，因此，把中国文化翻译出去意义重大。

16.1　文化的本质特征

　　我国的教育家梁漱溟，曾精确地把文化分为三个方面：（1）精神生活方面，如宗教、哲学、科学、艺术等。宗教、文化是偏于情感的，哲学、科学是偏于理智的。（2）社会生活方面，我们对于周围的人——家族、朋友、社会、国家、世界之间的生活方法，都属于社会生活方面，如社会组织、伦理习惯、政治制度及经济关系。（3）物质生活方面，如饮食、起居种种享用，人类在自然界中求生存的各种方式。通过对不同民族的文化进行比较分析，可以发现文化是一种"原本性的存在"，具有自己的本质特征：民族性、传承性、流变性和兼容性。

16.1.1　文化的民族性

　　不同民族在其特殊的政治制度和历史地理环境中，经过长时间的沉积升华，创造出自己独特的文化，尤其是在民族心理、精神气质和思维方式上都会表现出各自不同的特征。比如，"功夫""太极拳""儒""道"等都是中国文化所独有的，在西方世界根本找不到对应的词汇。因而，在翻译过程中，译者一定要在增进目的语读者可理解性的同时缩减文化差异产生的隔阂、误解，善于求同存异，既要尊重他国文化，也要尊重本国文化。当然，"求同"并不是入乡随俗，如中国文化中的"道"如果翻译成"Way"，根本就传达不出博大精深的中国道家文化，也达不到相互交流的目的；在对外传播过程中，译者便把它音译为"Tao"。

16.1.2　文化的传承性

　　民族文化特征经历了历史的整合，一旦形成某种特定的"格局"从而具有"整体性"，就可以在这个民族（或社会）中融贯千秋万代，成为一种相对稳定的"entropy"（遗传信息量），这就是文化的传承性。

中国文化历史悠久，博大精深，是中华民族在古代社会形成和发展起来的相对稳定的文化形态，对后代子孙、周边各国、西方社会、全世界文明都产生了重大影响。为了提升国家软实力，国家采取了活动宣传、展览、讲座、网络传播和翻译等多种形式和手段弘扬优秀传统文化，发掘和谐的文化资源，避免传统文化在经济高速发展的今天迷失方向，推动文化精华的弘扬与传承。

16.1.3　文化的流变性

"文化"是一个开放系统，而不是封闭系统。有些被认为具有文化传承性的习俗、价值观和信仰在孤立状态的文化模式中可能处于平衡或均势状态，但有些文化在传承过程中也可能出现中断或流变。比如，中国之前有很多家喻户晓的史诗、神话、传说、箴言乃至句式都已失传，导致有些古籍难以得到解读。当然，各国文化形象也会日益更新，语言会出现陌生化和新颖化现象，语义也会变化。

16.1.4　文化的兼容性

不同文化之间可以相互渗透、相互兼容、相互影响、相互促进，从而达到相得益彰的积极效果。翻译对文化的兼容具有重要的意义。德国思想家沃尔特·本雅明认为翻译的过程就是让不同语言通过融合互补达到理想中的纯语言，让原来隐藏的意义在各种各样意向表达式的和谐一致中得以表现出来。经过佛经翻译和西学翻译，中国的传统文化一定程度上吸纳了印度的佛教文化和西方文化。比如，佛经翻译让佛教的思想和方法渗透到了中国文化的各个领域。在语言方面，佛经翻译引进了很多新颖的汉语词汇，如因果报应、天花乱坠、悲观、唯心等；五四运动时期的翻译活动也大大推动了现代汉语的发展。

随着中国改革开放，西方媒体和西方民众使用的中文借词类别不再只是生活词汇，为了能够理解中国特色经济概念，"家庭联产承包责任制（family contract responsibility system）""铁饭碗（iron rice bowl）"等富有中国特色的词汇成为英语中的固定搭配。

16.2　中国文化的翻译

16.2.1　文化翻译的原则

文化翻译的首要任务是把一种民族文化传播到另一种民族文化中，再现源语文化特色和源语文化信息，实现两种文化交流互鉴的目的。

文化翻译要再现原文文化特色。译者必须坚持文化走出去的战略方针，注意文化的内涵性和民族性，忠实地把源语文化再现给目的语读者，不能任意抹杀和损害源语文化色彩，保证源语历史文化的再现而不是僵化的语言文字复述。例如：

司马昭人心，路人皆知。

Sima Zhao's trick is obvious to every man in the street. (Sima Zhao: a prime minister of Wei

(220—265) who nursed a secret ambition to usurp the throne.)

尽管西方读者能理解该成语的意思，即喻指人所共知的野心，但在翻译时对"司马昭"进行注释既可以保留人物形象，又传达了原文的意义，形意兼备，有助于读者更好地了解中国历史和文化。

文化翻译还要再现源语文化信息。由于受自然环境的影响，中西文化在风俗习惯、民族审美心理和认知情感方面都有巨大的差异。不同民族的人对同一词语会产生不同的联想，产生不同的象征意义、引申意义和文化意义。因此，原文中有很多字面上开起来清清楚楚、无可置疑的意义，有时却另有所指或另有含义。因此，译者在翻译时不能只拘泥于原文的字面意思，要深刻理解原文中所蕴含的文化信息，并在译文再现出来。

16.2.2 习俗文化的翻译

"习俗"指习惯和风俗。习俗文化就是在日常社会生活和人际交往中由民族的风俗习惯而形成的文化。具体来说，在问候语、谦语、称谓、致谢、告别等方面，不同文化有各自的规约和习俗。下面主要探讨一下中西寒暄语和称谓语的差异及翻译。

16.2.2.1 寒暄语的翻译

寒暄语作为文化载体的形式之一，具有重要的沟通、交流作用。虽然英汉寒暄语均为无关紧要的、轻松的、非正式的话题和交谈，但英语寒暄语旨在营造出轻松愉快的谈话氛围，并不涉及个人话题。而汉语寒暄语目的在于表达对对方起居生活的关心，有时也仅仅是一种客套，是谈话前的情感铺垫，会涉及一些个人话题，比如，"吃了吗？""去哪儿呀？""您路上辛苦了。""最近在哪里发财？"等。其实这些寒暄语并没有什么具体意义，就是单纯的、礼貌性的打招呼方式。但对西方人来说，这样的打招呼方式有窥探别人隐私之嫌。听到"你吃了吗？"，西方人往往会误认为你要请客吃饭。因此，在翻译这一寒暄语时不能直译，要根据具体情况进行调整，如可译为"Hello!""How are you？""Good morning!""Good afternoon!""Good evening!"等。在选择具体的翻译方法时要结合寒暄语的形式及内涵，确保翻译出的寒暄语与源语所表达的内涵一致。值得注意的是，汉语的寒暄语也在悄悄发生改变，越来越多强调个性独立的年轻人习惯于用"hi（嗨)!""你好！"等这样简单的方式来打招呼，而一些对中国文化感兴趣的外国人也会使用"nalinali（哪里哪里）"和"mamahuhu（马马虎虎）"等中国式自谦来应答寒暄，这些都体现了文化的流变与兼容。

16.2.2.2 称谓语的翻译

称谓语是习俗文化的重要组成部分，包括亲属称谓语和社会称谓语，可以反映交际双方的社会地位、性别年龄、亲属关系等方面的信息。

中国人重视血缘家族，亲属称谓采用叙述式制度，十分复杂，有行辈之别、同辈长幼之别、父系母系之别、血亲姻亲之别、直系旁系之别。长辈可以直呼晚辈名字，反之则不行。英语亲属称谓十分简单、笼统，采用类分式制度，以辈分分家庭成员，不表明父系母系、直系旁系，有五种基本形式：父母、子女、祖父母、孙儿孙女、兄弟姐妹。

中西亲属称谓语中只有父亲（father）、母亲（mother）、儿子（son）和女儿（daughter）几个词是完全对应的，翻译时用直译法即可。

虽然英语称谓语较简单，但是为了让西方读者能更好地理解原文中的人物关系，在某些情况下翻译亲属称谓语需要进行解释性翻译，明确具体意义，以便促进读者的理解。例如：

1. 她从贫苦的姑家，又转到更贫苦的姨家。

She had lived for a while with some impoverished paternal relatives, then had been bundled off to some maternal relatives who were if anything even worse off.

"姑家"和"姨家"都可译为aunt's home，但西方读者只会觉得此句关系混乱，也意识不到中国亲属称谓的潜在文化预设，如果对其进行解释性翻译可以清楚地理解原文中的人物关系，准确地再现原文所要传达的信息。再如：

2. 当下贾母一一指给黛玉："这是你大舅母；这是你二舅母……"

"This," she said, "is your elder uncle's wife. This is your second uncle's wife..."

如果把"大舅母"和"二舅母"都翻译成aunt，并不能清楚地交代清楚贾府中复杂的人物关系网，也体现不出中国亲属称谓的长幼之别。这里译为"elder's uncle's wife"和"second uncle's wife"可以让读者明白人物关系，保留中国亲属称谓长幼有别的传统文化。

社会称谓语是相对亲属称谓语而言的社会称谓习俗，表示称谓对象的职业、职务、性格、特征、个性、年龄等，直接反映社会的政治制度和人际关系，其中谦称和敬称占有重要地位。

谦称，用谦恭的口气称呼自己或与自己相关的事物。英汉语都有谦称，使用频率最高的是自称，有意贬低自己。英语中的自称很简单，一般使用第一人称代词I和we。汉语的自称较复杂，不同的年龄、身份、地位、职业、性别、场合和时代都会有变化。与他人交往中，中国人为了表示谦恭会经常用到以下词语：拙、鄙、贱、不才、鄙人、愚、下愚、晚生、后学等。

中国文化强调礼貌谦逊，西方文化强调个体，很少使用自贬的称谓，因此汉语谦称在汉英翻译时既找不到形式上的对应语，也很难找到合适的语义对等词，这个时候需要根据交际双方的身份、关系、语气、语境等实现目的语和源语的语用等效。例如：

富安道："有何难哉！……小闲寻思有一计，使衙内能够得他。"

译文1："Nothing to it...Now I've got a little scheme that will put his wife right into your hands."

译文2："That does not matter" said Fu An. "...This humble one has thought of a way in which the young lord can get her."

"小闲"是中国封建社会男性的自谦语，在英语中存在语义空缺，如果直译为This humble one，西方读者会纳闷自己为何要贬低自己。"I"虽然没能完全传达语义，却实现了目的语和源语之间同等的语内行为表现力。

16.2.3 专名文化的翻译

专名内容广泛，涉及到人名、地名、书名、影片名、商标名、报刊名、公司名等，本书只针对中国的人名和地名文化与翻译做出论述。

16.2.3.1 人名文化与翻译

人名的形成、发展、演变经过了一个漫长的历史过程，承载着丰富的文化内涵。由于各民族的历史演变和传统文化的差异，中西人名在结构和起源等方面都存在很大差异。

中英姓名的结构顺序不同。原因主要有两个：其一，"姓"和"名"产生的顺序不同。中国的"姓"在母系社会已经出现，"名"产生较晚，在夏商才开始使用，因此中国人名的排列顺序便成了"姓前名后"的结构。在西方，"名"的产生比"姓"早，"姓"在中世纪后期才开始出现，因此西方人的排列顺序正好相反。其二，文化观念不同。中国人重集体，轻个体，认为代表宗族的"姓"要比"名"重要得多；西方强调个人独立，理所当然"名"应在先。

中国人名英译要遵循姓前名后的中国人名排列习惯。一般用汉语拼音，姓、名分开，姓的第一个字母大写，双名连在一起书写，中间字的第一个字母大写，最后一个字的字母小写，如李小全（Li Xiaoquan）；单名的第一个字母也要大写。如杜甫（Du Fu），李白（Li Bai）等；复姓要连写，姓的第一个字母大写，名的第一个字母大写，如复姓单名诸葛亮（Zhuge Liang）、复姓双名司马相如（Sima Xiangru）。

对少数名人志士、历史人物、港澳台同胞和外籍华人姓名的翻译，建议保留已约定俗成的传统译法。如孙中山（Sun Yat-sen），孔子（Confucius），杨振宁（Chen-Ning Yang），李四光（J. S. Lee）等。

少数民族的人名要根据原来的民族文字进行音译，不能按照汉字的发音进行翻译，如司马义·艾买提（Ismail Amat）。有些人给自己取了英文名字，翻译时要尊重他们，如李小龙（Bruce Lee），成龙（Jacky Chan），周杰伦（Jay Chou），周润发（Chow Yun-fat）。

16.2.3.2 地名文化与翻译

地名是地理名称的简称，一般由专名和通名两个部分组成。专名指某一地理实体并用以区分同类地物的专用语，地名中含有个性特征的部分。通名用以区别地理实体的性质或类别，有一定程度或范围的共性特征，常见的通名有省、市、县、乡、镇、村、路、街、山、河、湖等。如"郑州市、长江、泰山"中的"郑州""长""泰"是专名，"市""江""山"为通名。

地名富有深厚的历史文化底蕴，蕴涵自然经济、社会历史、宗教信仰等文化信息，如雷峰塔和断桥有白娘子和许仙的故事，岳庙有岳飞抗金的故事，龙门、龙井、龙岩、虎门、虎头山等与龙虎有关的地名是中国龙虎文化的产物，等等。地名文化是国家先进文化的组成部分，继承和发扬地名文化，对弘扬中国文化、传承先进文化、弘扬爱国主义精神有着重要的现实意义。

同人名翻译一样，地名翻译以汉语拼音作为翻译规则，采用音译+意译、音译+重复意译、意译三种方法。

1. 音译+意译

地名中的专名（非单音节词）采用音译，通名采用意译，例如：

河南省	Henan Province
驻马店市	Zhumadian City
上蔡县	Shangcai County
洞庭湖	Dongting Lake
鸭绿江	Yalu River
大渡河	Dadu River
白水江自然保护区	Baishuijiang Nature Reserve
昆仑山脉	Kunlun Mts.

2. 音译+重复意译

如果地名中的专名和通名都是单音节词，翻译时要把通名看作专名的一部分进行音译，连写在一起，然后再重复意译通名，例如：

渤海	Bohai Sea
长江	Changjiang River
恒山	Hengshan Mountain
黄山	Huangshan Mountain
沙市	Shashi City
和县	Hexian County

3. 意译

有些约定俗成、形成自然习惯的地名采用意译的翻译方法，例如：

黄河	the Yellow River
珠江	the Pearl River
华东地区	East China
华北平原	North China Plain
华南地区	South China

有些港澳台或少数民族的地名，在翻译时不能根据汉语拼音进行音译，需要根据方言、粤语、谐音或少数民族语言的发音进行罗马化标注，如：

| 九龙 | Kowloon |
| 呼和浩特市 | Hohhot City |

拉萨市	Lhasa City
乌鲁木齐	Urumqi
阿克苏地区	Aksu Prefecture
维吾尔	Uygur
乌兰察布市	Ulanqab City
塔里木盆地	Tarim Basin
哈尔滨	Harbin

16.2.4 饮食文化的翻译

中国菜肴的命名方式很讲究，主要有以下几种：(1) 根据烹调方法命名。有"烹调方法+主要食材"的菜名，如煎鸡蛋、炖鸭、拌三鲜；有"烹调方法+主要食材+形状"的菜名，如炒肉丝、炸春卷；有"烹调方法+主要食材+配料"的菜名，如牛肉烧土豆；有"烹调方法+主要食材+佐料"的菜名，如蚝油煎鸡脯、红烧鲫鱼头、茄汁炖排骨；(2) 根据食材命名。有"主要食材+配料"的菜名，如海米白菜、虾仁海参等；有"主要食材+佐料"的菜名，如姜汁皮蛋、麻辣豆腐；(3) 根据形状和口感命名，如玉兔馒头、咸水虾、脆皮鸡、五香牛肉；(4) 以历史文化命名，如叫花鸡、贵妃鸡、狗不理包子、西湖牛肉羹、扬州炒饭、北京烤鸭、佛跳墙、五福临门、金玉满堂、龙凤呈祥、孔雀开屏、蝴蝶飘海、金鱼戏莲、翡翠羹等。

由此可见，中国饮食是中国传统文化底蕴的表达方式，从选材、制作到命名都承载着中华上下五千年的风景、生活方式和历史文化。在翻译中国菜名时，需要在准确传达菜肴信息的前提下，展现中华民族的审美趋向，传递中国饮食所蕴含的文化信息，构建中西文化交流平台，推动中华饮食文化的发展。在此原则的指导下，在翻译菜名时主要会用到直译、音译、意译、释义四种方法。

1. 直译法

根据烹饪方法、主要食材、形状、味道命名的一些"写实"型菜名，经常采用直译法，即直接进入主题，点明菜肴的烹调方法和原料，如"烧鹅"属于"烹饪方法+主要食材"型，翻译时先译出烹饪方法，再加上这道菜的主要食材，译为Roast Goose。如果菜名中含有用料的切削形状"条、片、块、丝、卷、泥、花、丁、末、球"等，翻译时可直接加上表示形状的词语，如"炒肉丝"可译为Stir-Fried Pork Slices。如果菜名中含有配料、佐料、酱料，翻译时可加上with/in+配料、佐料、酱料名称。如果菜名中含有"酸、甜、辣、咸、麻、脆、酥、五香、烟熏、酱香、淡、浓"等表示口味的词语，翻译时也可以直接加上，如"糖醋鱼"可译为sweet and sour fish。使用直译的菜肴比比皆是，如：

炸鱼	fried fish
爆牛肚	fried tripe
蒸蟹	steamed crabs

炖牛肉	stewed beef
烩羊肉	stewed mutton
焖鸡	braised chicken
白灼海虾	scalded shrimps
炸春卷	deep-fried egg rolls
干煸肉丝	stir-fried shredded beef
生炒鸡片	fried sliced chicken
炸虾球	fried prawn balls
宫保鸡丁	dices chicken with dry red pepper
咖喱牛肉	fried beef with curry
蒜蓉蟠龙虾	prawns in garlic sauce
糖醋排骨	spare ribs with sweet and sour sauce
鱼香肉丝	shredded pork with garlic sauce
海米白菜	Chinese cabbage with dried shrimps
青椒肉丝	shredded pork with green pepper

2. 音译法

一些中国本土的文化特色且在国外有较高知名度的菜名可采用音译法，这样翻译简单直接，很容易实现传播中国饮食文化精髓的目的。实际上，欧美国家中餐馆的菜单上有很多英语菜名都是音译过来的，如饺子（jiaozi），馒头（mantou），驴打滚（lvdagun），豆腐（tofu），馄饨（wonton）等。

3. 意译法

有些"写意"型菜名表述较为含蓄，甚至没有直接给出烹饪方法、食材、配料等信息，而是借用一些修辞对菜肴某一部分的特征进行美化，如上面提到的蝴蝶飘海、孔雀开屏等。如果采用直译很可能与菜肴本身的信息相去甚远，采用意译法虽然可能会失去菜名原有的文化信息和艺术美，但是却能忠实地把菜肴的烹饪手法、食材等相关信息传达给读者。例如：

青龙过江	water celery soup
蝴蝶飘海	quick-boiled fish slices
蚂蚁上树	sauteed vermicelli with spicy minced pork
出水芙蓉	sliced duck with egg white and ham

4. 释义法

这里的释义法主要包括直译加注和音译加注两种方法。在翻译一些具有丰富文化内涵的菜名时，可以先直译或音译，再采用加注的方法解释补充其食材和历史典故，不仅能向西方读者传达菜肴的食材，又能保留中国特色文化，实现形意结合、雅俗共赏。例如：

曹操鸡　　Cao Cao Chicken——The diet chicken cured the headache of Cao Cao, a famous military strategist in China's Three Kingdoms Period.

东坡肉　　Dongpo Pork——A dish named after Su Dongpo, a great famous ancient Chinese poet who invented a new way of stewing pork with special yellow wine flavor.

中国饮食有着丰富的文化内涵和广泛的社会意义，因此菜名的英译既要严谨无误，又要保留中国特色，才能让国外读者通过饮食进一步了解中国传统文化。

当今世界，文化间的交流越来越广泛而频繁。多元文化并存成为维护世界和平的主旋律，在这个文化异质性和多元性共存的全球化时代，要求译者必须具有强烈的民族责任感和民族意识，坚持自己的民族文化身份，通过翻译使自己的民族文化成为世界文化对话论坛上的一个声音，使自己的民族文化不会被全球化和其他民族文化所同化和湮没。

练习十六

一、与小组成员讨论：什么是文化？文化的分类大致有几种，你对哪种感兴趣？为什么？你如何理解文化的本体论特征？你如何理解文化与翻译的关系？

二、翻译以下短文。

女娲造人

在中国的神话传说中，盘古打破混沌的宇宙，开天辟地。远古时代并无人类，是女娲仿照自己和盘古的样子，将黄土捏成泥人。经过数天的辛苦劳作，便造出了男人和女人。她还为人类建立了婚姻制度以规范人类的行为。男方应请媒人与女方的家人商量结发之事，待女方同意后应送彩礼以示诚意，然后女孩才能出嫁。

腊八粥的传说

腊八粥最早出现于900年前的宋朝。当时，佛教在汉族人居住区盛行，人们认为农历十二月初八是佛教创始人释迦牟尼的成道日。据说，释迦牟尼成佛前，进山修行，因旅途遥远，饥饿劳累，倒在印度一条河旁。被一牧羊女发现，用她的午餐大米豆子粥将他救醒，释迦牟尼喝粥之后体力恢复，继续前行。他苦行6年，大彻大悟，最终在农历十月初八得道成佛。后来，僧侣们便在释迦牟尼成佛那天的前一夜熬米粥，第二天举行仪式诵经，将粥供佛。虽然腊八粥的起源带有宗教色彩，但日久天长，腊八粥在中国寒冷的北方已经成为冬令美食。

第十七章　翻译批评

翻译批评是指在一定的社会条件下，遵循一定的翻译原则，并运用一定的方法，对某一译作所作的评价。这种评价必须避免随意性和盲目性，杜绝胡乱批评和感想式的点评，应该在一定的理论指导下，历史地、客观地、全面地、系统地去观察和分析翻译过程和翻译结果。从事翻译批评的人必须对翻译本身，对它的实质、可行性、原则、方法、目的、作用等基本问题有一个系统的认识，不仅要具有良好的职业素质、严肃认真和一丝不苟的工作态度，而且同时应当是一个译者、译文阅读者、译文分析家、翻译理论家与翻译史家。作为翻译学习者，也需要掌握翻译批评的基本知识，只有懂得鉴赏，才可以认识自己的翻译水平，进而更好地提升翻译能力。

17.1　翻译批评的分类

翻译批评就其目的而言可分为两类，一是为欣赏而作的翻译批评，二是为纠正错误而作的翻译批评。前者重在分析出自优秀翻译家笔下的模范译作，评价其艺术价值、所遵循的翻译原则及采用的相关技巧，意在立为范文，为翻译界同行或初学者视为楷模而学之；后者则重在剖析有问题之译作，分析并纠正其中的错译和误译，意在警示他人以此为鉴。不过，这两类翻译批评并不能截然分开，因为二者之间有时也会出现互相交叉的现象（如为欣赏而作的翻译批评有时也带有一点有关误译或败笔的批评）。

翻译批评就其思想方法而论，可分为三类，分别是功能性批评（functional approach），分析性批评（analytical approach）和对比性批评（comparative approach）。功能性批评在分析和评论译文时较为笼统，其重点在整个译作的思想内容而非语言细节。从某种程度上来说，它是一个主观的批评方法，类似于老师凭印象给学生打分。分析性批评则是较为细致、客观的剖析，译文中的每一个词语、每一句话、每一段落都会对照原文加以分析，错误的译文被分门别类地挑出来加以评论，并提出改进意见；好的译文挑出来加以褒扬。对比性批评是选择同一原作的若干种译文，同时采用译文与原文对比、译文与译文对比的方法找出各自的优劣之处。好的加以褒奖、欣赏，劣的予以批评、修正。

17.2　翻译批评的功能

翻译批评有助于克服翻译界存在的滥译、乱译等问题，因而对繁荣我国的翻译事业有着不可低估的现实意义和深远的历史意义；翻译批评有助于纠正译作中出现的错误、改进不足，因而对提高译文的质量有着积极的作用；翻译批评还是联系翻译理论和翻译实践的重要桥梁，因为任何翻译理论的建立均有待于翻译实践的检验；反之，任何翻译实践都会自觉或不自觉地遵循一定的翻译理论。翻译批评还是翻译课的重要组成部分，因为它有助于翻译学习者扩大知识面，加深对所译作品或材料的了解，学习新知识，提高源语的理解水平和目的语的表达水平，增强翻译能力，提高翻译水平。比较语言学、比较文学和外国文学的学习和研究也离不开翻译批评。因此，做好翻译批评与做好翻译是同等重要，相辅相成的，切不可等闲视之。

17.3 翻译批评的原则

正如从事翻译实践必须遵循一定的翻译原则一样，翻译批评同样也必须按照一定的原则进行。不过，从翻译批评的历史和现状来看，我们至今还没有，实际上也不可能有一个公认的统一标准。原因是多方面的。首先，就指导翻译实践的原则而言，已经有多种翻译标准存在：以作者或读者为取向的翻译原则，以源语或目的语为取向的翻译原则；以美学为取向的翻译原则；以社会符号学为取向的原则。不同的翻译标准对译者、翻译过程和翻译结果影响极大。其次，翻译批评原则的确立和选择往往因人而异，因时空条件而异，因原作的体裁和内容而异。所谓因人而异，主要是指不同的翻译批评者在确立翻译批评原则时往往带有一定的个人主观色彩；所谓因时空条件而异，主要是指不同的历史时期和不同的社会因素（如政治、文化政策、读者、市场需求等）对翻译标准和翻译批评标准的确立有着不同的要求；所谓因原作的体裁和内容而异，则是指所译作品因体裁和题材的不同而选择不同的翻译批评标准。例如文学家批评翻译作品时往往自觉或不自觉地遵循以美学为取向的翻译批评原则，而传播学家则往往自觉或不自觉地遵循以读者为取向的翻译批评原则；再如，有人批评文学译作时可能多遵循以美学为取向的原则，批评科技译作时多遵循以原作为取向的原则，批评商贸译作时多遵循以读者为取向的原则；不同时代的翻译批评原则也会有所不同，五四时期的翻译批评原则就与21世纪的翻译批评原则不完全一样。以下为学者舒启全批评张振玉所译的林语堂英文小说《京华烟云》中的例子：

原著内容之丰富，确实堪称近、现代中国的百科全书。贯穿全书内容的是作者对民主、爱国的思想再蒙上一层庄子哲学的神秘、梦幻，命定的色彩。这就要求译者不仅应是"近现代中国通"，而且应是"古代中国通"，不但要能对现代汉语和白话文运用自如，而且要能精通活用古代汉语和文言文。张教授译林博士的这部鸿篇巨著，确实"门当户对"，不仅译文忠实地再现了原著的思想内容，而且译得色调鲜明，形象入微，活灵活现，传神入化。在下略举几例，管中窥豹，可见一斑。

The ignorant old woman who ruled for the entire last half of the nineteenth century did more than any other single person to hold back China's progress. Without her the progressive Emperor Kuanghsu would certainly have gone on with his reforms. To the end, the Emperor, like an eagle deprived of its wings, remained submissive to his aunt. Ignorance added to a strong character was a double curse; stupidity joining hands with stubbornness was twice stupid.

那个愚蠢无知的老太婆统治了19世纪的后五十年，使中国不能进步，她可算功劳第一。若没有她，锐意求进的光绪皇帝，一定会进行他的维新大计。光绪皇帝，像个剪去翅膀的苍鹰，一直对他这位大权在握的老伯母毕恭毕敬，百依百顺。愚而妄，其为祸害则加倍的强烈。愚蠢再与刚愎携手，则愚蠢倍增。

ignorant修饰慈禧太后，译成"愚蠢无知"，progressive修饰光绪皇帝，译成"锐意求进"，reforms译成"维新大计"，真是达意移情！ did more than any other single person to hold back China's progress译成"使中国不能进步，她可算功劳第一"，再现了原著幽默的风格。ignorance added to a strong character译成"愚而妄"，was double curse译成"其为祸害则加倍的强烈"，stupidity joining hands with stubbornness译成"愚蠢再与刚愎携手"，was twice stupid译成"则愚蠢倍增"，不仅言简意赅，而且句式对仗，读起来上口，听起来入耳，增强了译作的感染力。

毋庸置疑，舒启全所遵循的翻译批评原则是"以作者和读者为取向的翻译原则"，即译作必须在思想内容和文体风格上忠实于原文，在表达上明白晓畅，符合译入语的语法和习惯表达方式。在这一原则的指导下，舒启全通过分析典型实例来批评张振玉的译文，所给评价全是正面的。这种批评无疑是为欣赏而作的翻译批评，意在立为范文，为翻译界同行或初学者模仿学习。在他的另一篇翻译批评文章中，他则采用了全然不同的批评方法，文章标题是《瑕不掩瑜，美中不足》。可见，评价是基于译文中出现的问题。他从"误译、疏漏、含混不清、不够通达"四个方面分别举例说明译文的不足之处，分析原因，并给出解决方案和参考译文。如：

Then came the question of the bride's mother, and her part during the wedding. "How is he now?" asked Mannia's mother, and everyone waited anxiously for the answer.

然后就是新娘的母亲，她在婚礼中的任务。"她在婚礼中的任务"是什么呢？似乎这句话没说完就结束了。句子不够通达。若译成"然后就商量新娘母亲在婚礼中如何安排的问题。"是否更通达一些呢？

"How is he now?" asked Mannia's mother, and everyone waited anxiously for the answer.

母亲问"他现在怎么样"大家也来焦急，急于想得到这点儿消息。"大家也来焦急"不仅是句子的累赘，而且使句子不够通顺。如把"大家也来焦急，急于想得到这点儿消息"改成"大家都焦急地等待回答。"似乎要通顺简明点儿吧。

作者委婉地提出问题，解决问题，语气谦虚，态度诚恳，令人信服。

17.4　翻译批评的方法和步骤

17.4.1　翻译批评的方法

翻译批评应采用宏观的视野和微观的剖析相结合的批评方法，换言之，批评者既要见树又要见林，切不可将二者分割开来。这里所说的林（宏观视野）既可以理解为语篇的整体结构和全部思想内容，也可理解为包括语篇、超越语篇结构的非语言因素、超语言因素以及相关的社会因素等内容。由于翻译不能脱离社会,因此翻译批评同样也不能脱离社会,必须按社会规范进行翻译批评。这里所说的树(微观剖析)是指语篇范围内的词语、句子、段落、语义、修辞手法、文体等个体单位内容。下面仅列举马红军的一段翻译批评实例:

It was a typical summer evening in June, the atmosphere being in such delicate equilibrium and so transmissive that inanimate objects seemed endowed with two or three senses, if not five. There was no distinction between the near and the far, and an auditor felt close to everything within the horizon. The soundlessness impressed her as a positive entity rather than as the mere negation of noise. It was broken by the strumming of strings. (Tess of the d'Urberville's, Chapter 19)

毫无疑问,对英美读者而言,原文语言优美自然,对景物的描述细腻生动。为了再现原作的语言美,译者必须锤词炼句,反复推敲。请看下面几种译文:

那是六月里一个典型的夏季黄昏。一片大气,平静稳定,都到了精密细致的程度,而且特别富于传送之力,因此那些没有生命的东西,也都变得仿佛有了两种或者三种感官,即便不能说有五种。远处和近处,并没有什么分别,凡是地平线以内的东西,听的人都觉得,好像近在眼前。那种静悄无声的情况给她的印象是:与其说它单纯音响绝灭,不如说它积极具有实体。这种寂静,忽然叫弹琴的声音打破了。(《德伯家的苔丝》,人民文学出版社,第185页)

这是六月里一个典型的夏日黄昏,空气非常平静怡人,又是如此能传播的声音,以致没有生命的东西仿佛也具有了两三种官能,如果说不是五种的话。远处和近处没有分别,地平线以内的一切对于听者来说都近在咫尺。寂静无声使苔丝产生的印象与其说是声音的不存在,不如说是感觉到一个明确的实体。有人拨动琴弦,打破了寂静。(《苔丝》,上海译文出版社,第113页)

那是一个典型的六月黄昏。大气的平衡如此精致,传导力如此敏锐,就连冥顽的无生物也有了知觉。如果不是五种知觉的话,也有两三种。远和近已失去了差异,地平线以内的声音都仿佛是一种积极的实际存在。而这寂静却被拨弄琴弦的声音打破了。(《苔丝》,译林出版社,第108页)

这是六月里一个典型的夏天的傍晚,空气柔和均衡,特别具有传导性能,因此,没有生命的东西也仿佛有了感觉,即使不是五种,至少也有两三种。远方和近处没有了区别,凡是在地平线以内,任何东西听起来仿佛就在身边。万籁俱寂。她顿时觉得,这寂静本身就是一个积极的实体,而并非只是声音的消失。接着,这寂静忽然被琴声所打破。(《苔丝》,浙江文艺出版社,第144页)

相比之下,译林版译文较为流畅自然。但若以文学语言的标准看,上述译文在推敲词语方面均有不足之处,像atmosphere, transimissive, two or three senses, if not five, within the horizon, positive entity等词语的译法虽"精确",但不够"精彩"……

试改译：

这是六月里特有的夏日黄昏。暮色格外柔和和静美且极富感染力，连那些冥顽之物都仿佛平添了几分灵性，有了各种知觉。远近一切，难分彼此；天际间任何一丝声息，听来都恍如近在耳畔。她觉得这静寂并非单纯的悄无声息，而是一种实实在在的感受。不想这静寂却被瑟瑟的琴声打破了。

上述翻译批评方法为翻译批评家所普遍使用。值得指出的是：在科学技术飞速发展的今天，随着社会语言学、认知语言学、语料库语言学、统计语言学等学科的不断进步以及人们对翻译批评的认识不断加深，批评翻译的方法也将会不断更新和进步，也必将变得更为科学。

17.4.2　翻译批评的步骤

翻译批评的步骤大体可分为：（1）分析原作；（2）分析译者的目的；（3）比较原文与译文；（4）评估译文。

（1）分析原作。批评者必须了解原文作者的写作意图、写作态度、写作的读者对象、写作的类别，准确评估原作的语言水准和语言风格。这些内容也是我们做传统的文学批评时必须要弄清的几个问题，即：原文写作者是谁？什么时候写的？在哪里写的？为谁写的？写作的目的是什么？文章是如何建构的？

（2）分析译者的目的。批评者应站在译者的角度来看待原作，了解译者所遵循的翻译原则、翻译步骤和方法以及译文的读者对象。换句话说，批评者必须弄清这么几个问题：译者是什么样的人？他为什么选择翻译该文本？他是在何种条件下进行的翻译？他的译作的读者是谁？他做翻译所遵循的原则是什么？翻译过程中使用了哪些翻译方法？

（3）比较原文与译文。批评者在弄清原作的主题和中心思想、语言结构（包括段落的划分和语篇的衔接等内容）和各种修辞手法的前提下，应认真地对比分析原作和译作，审核译者是否在译文中完美地处理好了这些问题。批评者既可选用单一译文，也可采用数种译文比较。前者是指选择一种译文，将之与原文比较分析；后者是指选择数种译文，同时与原文比较分析。一般来说，后一种方法更为批评者所钟情，究其原因不外乎是其更具深度和广度，更能取得圆满的结果。

（4）评估译文。批评者首先根据译者的翻译标准评估译文在表达方面是否准确地传达了原文所承载的信息，然后根据自己所选择的翻译标准去评估译文在表达方面是否成功地传达了原文要传达的东西。另外，批评者也可脱离原文来看待译文，将译文视为一个独立作品，从纯写作的角度来评价译文。最后，评估译文在译入语文化中的地位、该译文的现实意义和历史意义及翻译价值。

17.5　翻译批评应注意的几个问题

翻译批评所依据的应当是译者"第一手的"译作，不应根据转述、转引的间接材料或摘引片段即下结论。翻译批评要正视原文作者、译文作者和翻译批评者之间的时空距离，用历史唯物主义和辩证唯物主义的观点去看待这种距离，避免随意性和盲目性，杜绝胡乱批评和感想式的点评。批评者应该在一定的理论指导下，历史地、客观地、全面地、系统地去观察和分析翻译过程和翻译结果，尽可能做到客观、科学和公正。批评者在进行翻译批评的时候应尽可能地找到同一原文的数种译本，应用多种译文与原文进行对比分析才更有可能增强批评的效果和说服力。最后，同翻译工作者一样，翻译批评者也不仅要具有良好的职业素质、严肃认真和一丝不苟的工作态度，还要具有扎实的语言基本功和广博的文化知识。

练习十七

一、仔细阅读《静夜思》的不同版本译文，并做出恰当的翻译批评。

静夜思
李白
床前明月光，疑是地上霜。
举头望明月，低头思故乡。

In the Quiet Night
So bright a gleam on the foot of my bed---
Could there have been a frost already?
Lifting my head to look, I found that it was moonlight.
Sinking back again, I thought suddenly of home.

（许渊冲 译）

The Moon Shines Everywhere
Seeing the moon before my couch so bright
I thought hoar frost had fallen from the night.
On her clear face I gaze with lifted eyes:
Then hide them full of Youth's sweet memories.

（W.J.B. Fletcher 译）

Nostalgia
A splash of white on my bedroom floor. Hoarfrost?
I raise my eyes to the moon, the same noon.
As scenes long past come to mind, my eyes fall again on the splash of white,
and my heart aches for home.

（翁显良 译）

二、试对以下英文诗歌的不同译文做翻译批评。

I love my love with an E，because she is enticing;

I hate her with an E，because she is engaged，

I took her to the sign of the exquisite，and treated her with an elopement,

Her name is Emily，and she lives in the east?

译文1

我爱我的爱人为了一个E，因为她是enticing（迷人的）；

我恨我的爱人为了一个E，因为她是engaged（订了婚的）。

我用我的爱人象征exquisite（美妙），

我劝我的爱人从事elopement（私奔），

她的名字是Emily（爱弥丽），

她的住处在East（东方）？

译文2

吾爱吾爱，因伊可爱；

吾恨吾爱，因伊另有可爱；

吾视吾爱，神圣之爱；

吾携吾爱，私逃为爱；吾爱名爱米丽，吾东方之爱。

译文3

我爱我的那个"丽"，可爱迷人有魅力；

我恨我的那个"丽"，和他人结伉俪；

她文雅大方又美丽，和我出逃去游历；

她芳名就叫爱米丽，家住东方人俏丽。

第十八章　中西翻译理论简介

一名优秀的译员，除了具备良好的双语能力、跨文化交际能力，掌握必要的翻译策略与技巧，还需要具备良好的理论素养。对于翻译专业的学生而言，培养翻译实践能力固然重要，但训练翻译学科的批判性思维能力也不可或缺。并且善于思考的译员还应该具有"知行合一""道器不离""技近于道"的更高追求和理想境界。本章将简要地介绍中西翻译发展的历史，梳理中西翻译理论脉络，选出一些代表性的翻译学者及观点进行阐述，以期为后续的翻译学习提供一个大致的路线图。

18.1　中国翻译理论

中国与世界其他民族的交往历来已久、源远流长，如张骞出使西域、开通丝绸之路、玄奘印度取经、鉴真东渡日本、郑和下西洋这些大家所熟悉的文化交流活动都离不开翻译。中国翻译大致可分为五个阶段：东汉至唐宋的佛经翻译、明末清初的科技翻译、鸦片战争至五四运动前的西学翻译、五四运动至中华人民共和国成立时期的翻译、中华人民共和国成立至今的多文体翻译（以改革开放为界又可细分为两个阶段）。

18.1.1　东汉到唐宋的佛经翻译

佛经翻译是中国翻译的第一阶段，始于东汉末年，南北朝时期逐渐发展，唐朝达到鼎盛，宋朝开始衰微。

中国佛经翻译家众多。其中，鸠摩罗什、真谛、玄奘和不空为著名的四大佛经翻译家，有时不空也被义净替代。另外，安世高（本名清，字世高）是中国佛经翻译第一人，最早把小乘佛教译成汉语。支谦是第一个开设佛经译场的人，提出"因循本旨，不加文饰"的观点。释道安提出"五失本，三不易"的观点。玄奘是最著名的佛经翻译家，又称三藏法师，提出著名的"五不翻"原则。

佛经翻译实质上就是一次大规模的文化输入，对中国的语言、文化、哲学等都产生了重大的影响。在语言方面，佛经翻译丰富了汉语词汇，如菩萨、罗汉、众生、姻缘、极乐世界、五体投地、果报、有缘、无缘、过去、现在、未来等词语；佛经翻译对汉语语法也产生了不小的影响，如"于"在先秦两汉书籍中从不会用在动宾之间，但译经为了文字的整齐平衡，就有了"供养于诸佛"这样的句子，后来又出现了"打骂于他""取笑于我"等说法。佛经中含有大量的古印度寓言神话，对中国文学的题材内容、思想情趣和体裁形式都产生了难以估量的影响。在哲学方面，佛经翻译促成了中国儒道佛的三教合一。

18.1.2 明末清初的科技翻译

明末清初的科技翻译是中国翻译的第二阶段,翻译家主要有徐光启和利玛窦,翻译体裁以宗教和科技作品为主,涉及天文学、数学、物理学、机械工程、采矿冶金、军事技术等,对我国的近代科学技术和思想进步是一次重要的推动。

16世纪中叶到18世纪,明朝既饱受倭寇之患,又遭北方女真贵族的侵凌,国家开始衰败,科技停滞不前,一些中国学者(如徐光启、李之藻等)渴望通过西方先进的技术和思想解决社会矛盾,翻译特点表现在有强烈的经世济民动机、输入并翻译了大量的科技和制造业书籍。西学东传者徐光启是中国科技翻译的先驱,所翻译的《几何原本》《泰西水法》等作品对我国的科技发展起到了推进作用,尤其是与利玛窦合译的《几何原本》前六卷引进了西方严密的数理哲学和先进历法,弥补了我国渐趋落后的知识体系。徐光启的"会通超胜"思想印证了翻译是一种带有明确目的性的跨文化交际活动。"会通"是指对翻译之作的"领会"与"贯通",以及将西方科学技术与中国学术传统"融合"与"并蓄"。"超盛"指以翻译为媒介引借西方,志求改正,以超越前人、超越西方人。

同时,欧洲的天主教受到排挤,为了恢复势力,开始传播宗教,向东方发展势力,一些基督教徒(如利玛窦、汤若望、罗雅谷、南怀仁等)相继来华,在中国建立教堂布道,同时把西方的科技传入中国。

18.1.3 鸦片战争到五四运动时期的西学翻译

鸦片战争后,清末的中国内忧外患,处于崩溃的边缘。为了救亡图存、强国保种,中国掀起了西学东渐的浪潮。翻译活动也在"师夷长技以制夷""中学为体、西学为用"及维新派思想的影响下不断进行,成为了引进和学习西方先进文化和思想、唤醒民众、开启民智的良药。

西学翻译的代表人物有马建忠、梁启超、严复、林纾、苏曼殊、马君武等,主要从事学术翻译和文学翻译活动,其中学术翻译以严复最为著名,文学翻译以林纾最为著名,留下了"译才并世数严林"的佳话。

严复(1854—1921),清末资产阶级启蒙思想家、翻译家和教育家,严复翻译目的明确,就是引进西方新的理念和治国之道。为此,他精选原著,所译都是近代西方资产阶级思想或社会意识形态的经典之作,如《天演论》《原富》《群学肄言》《群己权界论》《社会通诠》《法意》《名学》和《名学浅说》。严复在《天演论》的"译例言"中提出的"信、达、雅"的"三字论",是中国传统翻译的理论核心,也是中国传统翻译思想的纲领。"信"指忠实于原文的思想内容;"达"指"可理解性",即译笔通顺流畅;"雅"指文字古雅,采用汉朝以前的字法句法来翻译西文,使译文成为可登大雅之堂的文言文。

林纾(1852—1924),清末著名的文学家、翻译家。林纾不懂洋文,常与好友王昌寿合译,共翻译了180多部西洋小说,确立了"译界泰斗"的地位。代表译作有《巴黎茶花女遗事》《黑奴吁天录》《鲁滨孙漂流记》等。林纾译笔隽永流畅,洗练明快,富于艺术表现力,状物、写景、叙事、抒情等，都能文尽其妙。但他的文言又不同于一般古文的晦涩、凝滞，而是简洁、大方、明快，是一种通俗、流畅和富有感染力的文言。当时西方列强入侵，林纾怀着救亡图存、开启民智、励学明耻、倡兴西学的政治目的，在翻译过程中出现了很多增添、省略等有意识的改写。钱钟书谈到其前期的翻译，认为"十之八九都很醒目"，后期则"译笔逐渐退步，色彩枯暗，劲头松懈，使读者厌倦"。尽管世人对林纾的翻译评价褒贬不一，但总的来说，他的翻译迎合了当时的读者阅读需求和文化倾向，推动了中国文学的革新，从而孕育和催发了五四新文学的萌芽。

18.1.4　五四运动至中华人民共和国成立时期的翻译

这一时期的翻译活动是中国古代和近代翻译史的分水岭，在规模、范围、质量水平和对中国社会发展的贡献上是前三次翻译高潮所不能比拟的。形式上，白话文取代了文言文；内容上，翻译活动带有很强的目的性，倾向于翻译进步文学和政治文本。当时主要的翻译家有鲁迅、瞿秋白、林语堂、朱生豪等。鲁迅一生翻译介绍了14个国家近100位作家的200多种作品，印成了33种单行本，其翻译活动表现了始终一贯的高度革命责任感和明确的政治目的性。瞿秋白不仅是革命家，还是著名的翻译家。"红色翻译"成为他革命活动的重要组成部分，不仅翻译了高尔基等苏俄作家的文学作品，还大量地翻译和宣传马克思列宁主义的文艺理论著作和政治著作，是我国最早从俄文原文直接翻译苏俄文艺作品的翻译家之一。他最先把《国际歌》译成中文，发表于1923年6月15日的《新青年》第一期。林语堂的翻译特点是通畅易懂，少用"行话术语"，中等文化的读者都能看懂，他采用"以中释中"的文化策略翻译的《论语》，语言简洁易懂，在英语世界有着广泛的影响力。朱生豪翻译态度严肃认真，以"求于最大可能之范围内，保持原作之神韵"为其宗旨。译笔流畅，文词华丽。他所译的《莎士比亚戏剧全集》为便于中国读者阅读，打破了英国牛津版按写作年代编排的次序，而分为喜剧、悲剧、史剧、杂剧4类编排，自成体系，是迄今为止中国莎士比亚作品的最完整的、质量较好的译本。

18.1.5　中华人民共和国成立至今的翻译

随着中华人民共和国的成立，翻译事业也获得了新生。从那时起，翻译工作在中国共产党的领导下，获得了迅速的发展，取得了巨大的成绩。这一时期的翻译工作有以下几个特点：（1）在党的领导下，有组织、有计划、有系统地进行翻译，逐步取代了抢译、乱译和盲目重复翻译的现象。（2）中国的翻译活动从分散、自由的个体翻译转向有计划、有组织的集体翻译，一些翻译协会相继成立。（3）翻译理论日益充实完善，对翻译标准的认识日趋统一。

改革开放以来，由于思想环境的开放、学术空间的宽松以及中外政治、经济、文化交往的日益频繁，翻译实践活动和理论研究都得到了极大的推进与发展，出现了至今仍方兴未艾的翻译高潮。

这个时期的翻译活动有以下三个特点：（1）翻译实践和翻译研究的内容更加深入细致。

翻译实践扩展到了科技翻译、机器翻译、口译和同声传译等领域，中国的翻译工作者所投身的翻译领域已不只是文学艺术的"一花独放"，而是社科、科技、军事、外交、经贸、法律、文教、卫生等领域的"全面开花"，不仅要完成"译进来"的使命，更肩负着"译出去"的任务，从而进一步增强中国文化的国际影响力；翻译研究方面不但对翻译标准和方法等问题进行了探讨，还开始对翻译史、翻译批评、翻译教学与测试、口译理论等进行了深入的研究。（2）研究视野更为开阔，注重借鉴和引进西方研究成果，进行跨学科研究。（3）积极进行我国翻译学的学科建设工作。

随着翻译范围的扩大，翻译手段的改进，我们相信国内外的翻译交流将会更加频繁，翻译事业将会有更大的发展。

18.2　西方翻译理论

西方翻译理论相对系统、完善，经历了六个阶段：古希腊时期的翻译、罗马帝国后期至中世纪初期的翻译、11世纪至12世纪之间的中世纪中期的翻译、14世纪至16世纪之间的文艺复兴时期的翻译、17世纪至20世纪初的翻译、第二次世界大战至今的现当代翻译。其中，现当代翻译阶段的翻译规模和作用超过以往任何一个阶段，翻译理论研究呈现出多视角的流派特征，如翻译的语言学派、功能学派、文化学派、阐释学派和解构主义学派等。

18.2.1　翻译的语言学派

翻译的语言学派以语言为核心，旨在产生一种与原文语义对等的译文，并力求说明如何从词汇和语法结构上产生这种语义上的对等。代表学者有罗曼·雅克布森、尤金·奈达、约翰·卡特福特、纽马克等人。尤金·奈达（Eugene A. Nida），著名的语言学家、翻译家、翻译理论家，代表著作有《从圣经翻译看翻译原则》《翻译的科学探索》《翻译理论与实践》《语言与文化：翻译中的语境》等，一生围绕《圣经》进行翻译，在此基础上创建了一套翻译理论。

奈达的翻译理论可分为三个阶段：描写语言阶段，主要集中在句法、词法和语义的翻译问题；交际理论阶段，认为翻译就是交际；社会符号学阶段，将语言看成一种符号，结合所在的社会环境进行解释。他提出语言共性论，即各种语言具有同种的表达力。他的理论贡献主要是功能对等理论。

彼得·纽马克（Peter Newmark）是英国著名翻译家和翻译理论家，提出了语言的六种功能：表达功能，代表性文本包括严肃的想象性文学作品、权威的声明、自传、散文、私人信件等；信息功能，典型的文本涉及科技、商业、工业和经济等方面，如教材、新闻报道、论文、会议记录等；祈使功能，代表性的文本有通知、说明书、广告、通俗小说等；人际功能，用于打招呼、寒暄、致谢等；审美功能，如诗歌；元语言功能，对语言自身进行解释、命名、分析、评价。纽马克提出了著名的语义翻译和交际翻译理论。语义翻译指在目的语语义和句法结构允许的前提下，尽可能准确地再现原文的上下文意义；交际翻译指译

— 150 —

作对译文读者产生的效果应尽量等同于原作对原文读者产生的效果,使译文不论是在内容上还是在语言形式上都能为读者所接受。

18.2.2 翻译的功能学派

翻译功能学派主要源自德国。代表人物有凯瑟琳娜•赖斯(Katharina Reiss),她提出了"文本类型理论";汉斯•费米尔(Hans Vermeer),提出了"目的论";贾斯塔•赫兹•曼塔利(Justa Holz Mänttäri),提出了"翻译行为理论";克里斯蒂安•诺德(Christiane Nord)提出了"功能加忠诚理论"。"目的论"影响深远,因此功能学派有时被称为目的学派。该理论认为翻译是一项以原文为基础,有目的、有结果的行为,遵循目的法则(译文由翻译目的决定)、语内连贯法则(译文内部连贯,读者可理解)和语际连贯法则(译文和原文连贯,也就是忠实)。

18.2.3 翻译的文化学派

文化学派颠覆了语言学派对语言分析和文本对照的研究,转向了对目标文本与原文本在各自文化系统中意义和功能的研究,强调文化在翻译中的地位及翻译对文化的影响,认为翻译的基本单位是文化,而不是单词、句子或篇章。主要代表人物有安德烈•勒弗维尔(André Lefvere)和苏珊•巴斯奈特(Susan Bassnett)。

安德烈•勒弗维尔为比利时学者,后移民美国,国际著名文论家、比较文学家和翻译理论家。他提出了翻译研究的文化转向问题,总体文化思想的核心是把翻译研究与权力、意识形态、赞助人、诗学和语域结合起来,指出翻译是改写文本的一种形式,通过改写使原文的生命得以延续。

苏珊•巴斯奈特为著名的英国诗人和翻译理论家。她认为翻译应该以文化作为翻译单位;翻译不只是一个简单的解码—重组过程,还是文化内部与文化之间的交流行为;翻译不应只局限于对源语文本的描述,而在于源语与目的语在文化功能上的等值。

18.2.4 翻译的阐释学派

阐释学派认为译文是对原文的一种解释或阐释,翻译中的阐释其实就是译者对源语文本在理解基础之上做出的评判、解释,不是消极地接受文本,而是积极地创造文本的过程。代表人物有施莱尔马赫(Schleiermacher)、乔治•斯坦纳(George Steiner)、海德格尔(Martin Heidegger)和伽达默尔(Georg Gadamer)。其中,施莱尔马赫从阐释学的角度论述了理解与翻译的关系,指出翻译可以采取"译者不打扰原作者,带读者靠近作者"和"尽量不打扰读者,使作者靠近读者"两种途径。他认为两种途径各有优劣,但译者只能选择其中一种,不能将两者混而为一。

乔治•斯坦纳提出了理解即翻译的观点,并把翻译过程分为信赖、侵入、吸收和补偿四个步骤。海德格尔和伽达默尔是西方现代阐释学的代表人物,反对传统解释学理论,凸显解释者的主观能动性。他认为理解受到历史和语言的双重影响,认为翻译是一种思维活动,是用其他语言的思维来解释我们自己,而不是把事物进行科学或语言的转换。

伽达默尔提出了哲学解释学的三大原则:理解的历史性、视界融合和效果历史,可以用来解释和阐述中外翻译史上许多的翻译现象和翻译理论。比如,理解的历史性在翻译中的体现是:不同的历史背景可以让理解主体具有不同的价值观,从而生成不同的偏见,进而在翻译时做出不同的选择,译出不同的文本。视界融合在翻译中的体现是:译者视界和原文作者视界经常相互碰撞、相互冲突,结果译者会用译语文化归化源语文本,但这个过程并不是用译者视界来替代作者视界,而是必定同时包含两者的差异和交互作用。效果历史在翻译中的体现是:重译的必要性和重要性。

18.2.5 翻译的解构主义学派

20世纪60年代中期之后,翻译理论界开始反对结构主义,提出并发展了解构主义翻译流派,代表人物有德里达(Jacques Derrida)、劳伦斯·韦努蒂(Lawrenee Venuti)和福柯(Michel Foucault)。解构主义学派强调文本的意义是不确定的,每被翻译一次,文本的意义就会发生变化,因而文本的意义不是由作者和原文决定的,而是由译者和译文决定的,原文和译文是一种共生的关系,没有译文,原文就不能生存下去。另外,解构主义学派认为翻译可以协调各语言之间的差异性和多元性,使它们相互补充,成为一种独特的无所不包的"纯语言"或"普世语言"。因而,翻译的本质不是进行信息交流的过程,而是靠近"纯语言"的过程,语言之间有可译性。其中,劳伦斯·韦努蒂(Lawrenee Venuti)质疑以往所倡导的"通顺的翻译"和"归化的翻译",提出了反对译文通顺的抵抗式解构主义翻译策略,发展了一种抵御以目的语文化价值观占主导地位的翻译理论和实践,这样,在翻译过程中可以进行文化干预,反对英美国家的文化霸权主义,反对文化交流中的不平等现象。

进入21世纪以来,全球翻译事业蓬勃发展,翻译研究体系不断完善,呈现出多元化的特点,形成了更为系统全面的理论体系。

参　考　书　目

1. Chesterman, Andrew (ed.) *Reading in Translation Theory* [M]. Helsinki: Finn Lectura.1989.
2. Lefevere, Andre. *Translation, Rewriting and the Manipulation of Literary Fame* [M]. London &New York: Routledge.1992.
3. Lefevere, Andre. *Translation/History/Culture: A Sourcebook* [M]. London and New York: Routledge.1992.
4. Munday, Jeremy. *Introducing Translation Studies: Theories and Applications* [M]. London & New York: Routledge.2016.
5. Newmark, Peter. *A Textbook of Translation* [M]. Shanghai: Shanghai Foreign Language Education Press.2001.
6. Nesfield, J.C. *Senior Course of English Composition: I.The Qualities of Composition; II. Essays and Essay-Writing* [M]. London: Forgotten Books.2018.
7. Nida, Eugene. *Language, Culture, and Translating* [M]. Shanghai: Shanghai Foreign Language Education Press.1993.
8. Venuti, Lawrence(ed.) *Rethinking Translation* [M]. London & New York: Routledge.1992.
9. Venuti, Lawrence(ed.) *The Translator's Invisibility* [M]. London& New York: Rutledge.2008.
10. 艾治平.古典诗词艺术探幽[M].长沙：湖南人民出版社.1981.
11. 巴尔胡达罗夫，蔡毅等译.语言与翻译[M].北京：中国对外翻译出版公司.1985.
12. 包家仁.汉英句型比较与翻译[M].广州：广东高等教育出版社.2002.
13. 蔡力坚. 翻译中的事实准确性[J]. 中国翻译，2021,42(01)：185-186.
14. 蔡基刚.英汉词汇对比研究[M].上海：复旦大学出版社.2008.
15. 曹明伦.翻译之道：理论与实践[M].石家庄：河北大学出版社.2007.
16. 陈德鸿，张南峰.西方翻译理论精选[M].香港：香港城市大学出版社.2000.
17. 陈德彰.恍然大悟：英汉翻译技巧[M].北京：中国书籍出版.2009.
18. 陈德彰.汉英对比语言学[M].北京：外语教学与研究出版社.2011.
19. 陈宏薇.汉英翻译基础[M].上海：上海外语教育出版社.1998.
20. 陈胥华.英汉对译指导（修订版）[M].武汉：湖北科学技术出版社.2000.
21. 程镇球.翻译论文集[M].北京：外语教学与研究出版社.2002.
22. 董明.翻译：创造性叛逆[M].北京：中央编译出版社.2006.
23. 方梦之.翻译新论与实践[M].青岛：青岛出版社.1999.
24. 冯庆华.英汉互译实用翻译教程[M].上海：上海外语教育出版社.2002.
25. 郭著章，李庆生，刘军平.英汉互译实用教程[M].武汉：武汉大学出版社.2010.

26. 郭建中.文化与翻译[M].北京：中国对外翻译出版公司.2000.
27. 何南林.汉英语言思维模式对比研究[M].济南：齐鲁书社.2008.
28. 姜倩，何刚强. 翻译概论[M].上海：上海外语教育出版社.2015.
29. 罗选民.新英汉翻译教程[M].北京：清华大学出版社.2011.
30. 林庆阳.走进翻译认知·体验·思索[M].厦门：厦门大学出版社.2011.
31. 刘季春.实用翻译教程（修订版）[M].广州：中山大学出版社.2007.
32. 刘友发.英汉笔译基础教程[M].北京：对外经济贸易大学出版社.2013.
33. 李玉洁.中国国际传播的逻辑转向与话语升级[J].河南大学学报（社会科学版）,2021,61(06):129-134.
34. 刘巧玲，许钧.如何拓展翻译研究视野——许钧教授访谈录[J].中国翻译，2021,42(02):87-93.
35. 李建军，盛卓立.英汉语言对比与翻译[M].武汉：武汉大学出版社.2014.
36. 李靖民.英汉翻译实践要略[M].天津社会科学院出版社.2013.
37. 刘宓庆.新编汉英对比与翻译[M].北京：中国对外翻译出版公司.2006.
38. 梁漱溟.东西方文化及其哲学[M].北京：商务印书馆.2017.
39. 梅爱祥.实用英汉翻译教程新编[M].厦门：厦门大学出版社.2014.
40. 穆凤良.逻辑比较与英汉翻译[M].北京：国防工业出版社.2009.
41. 孟烨.国际新闻编译中的伦理思考[J]. 传播力研究，2019,3(34):149.
42. 平卡姆·琼 中式英语之鉴[M]. 北京：外语教学与研究出版社.2000.
43. 全益民.说词解句——英汉语言对比与翻译[M].大连：大连理工大学出版社.2009.
44. 思果.翻译新究[M].北京：中国对外翻译出版公司.2001.
45. 怒安.傅雷谈翻译[M].沈阳：辽宁教育出版社.2005.
46. 单其昌.汉英翻译技巧[M].北京：外语教学与研究出版社.2000.
47. 孙致礼.翻译：理论与实践探索[M].南京：译林出版社.1999.
48. 田海龙,赵芃. 批评话语分析再思考——基于辩证唯物主义的语言与社会关系研究[J]. 当代语言学，2017,19(04):494-506.
49. 陶丹丹."一带一路"国际新闻英汉编译中的叙事建构[J].东南传播，2019,(12):70-71.
50. 王恩科.文化视角与翻译实践[M].北京：国防工业出版社.2007.
51. 王宏印.英汉翻译综合教程[M].西安：陕西师范大学出版社.1997.
52. 王爱琴，钱虹.新编英汉互译教程[M].杭州：浙江大学出版社.2019.
53. 王克非.翻译文化史论[M].上海：上海外语教育出版社.2000.
54. 王英杰.我国英语新闻网站新闻编译策略研究[J].采写编，2021,（06）:76-77.
55. 王振国，李艳琳.新汉英翻译教程 [M].北京：高等教育出版社.2014.
56. 王振国，李艳琳.新英汉翻译教程学生用书[M].北京：高等教育出版社.2007.
57. 吴婷婷，贾晓.颜料词汇的特点、来源及翻译[J].中国科技翻译，2021,34（01）:42-45.

58. 王晓莉，胡开宝. 外交术语"新型大国关系"英译在英美的传播与接受研究[J]. 上海翻译，2021,(01):89-94.
59. 汪涛.崔萍.新编英汉互译教程[M].武汉：武汉大学出版社.2020.
60. 吴自选.对外传播翻译思考与实践[M].天津：天津社会科学院出版社.2013.
61. 许钧著，翻译论[M].武汉：湖北教育出版社.2006.
62. 熊俊.英汉互译简明教程[M].武汉：武汉大学出版社.2019.
63. 谢天振.超越文本超越翻译[M].上海：复旦大学出版社.2014.
64. 杨莉藜.英汉互译教程 [M].开封：河南大学出版社.1993.
65. 杨全红.高级翻译十二讲[M].武汉：武汉大学出版社.2009.
66. 杨自俭，刘学云.翻译新论[M].武汉：湖北教育出版社.1994.
67. 叶子南.英汉翻译对话录[M].北京：北京大学出版社.2003.
68. 喻云根.翻译教材[M].上海：上海外语教育出版社.1988.
69. 喻欢欢. 疫情中的话语博弈—新闻编译之再叙事[J]. 福建技术师范学院学报，2021,39(03):256-260.
70. 袁卓喜.对外新闻编译与译者的修辞意识[J].上海翻译，2020,（06）:23-28.
71. 张泽乾.翻译经纬[M].武汉：武汉大学出版社.1994.
72. 张传彪，缪敏.译海淘沙录[M].北京：科学出版社.2010.
73. 张今.文化翻译原理[M].开封：河南大学出版社.1987.
74. 张经浩.译论[M].长沙：湖南教育出版社.1996.
75. 张梦井.比较翻译概论[M].湖北：湖北教育出版社.2007.
76. 张培基.英汉翻译教程[M].上海：上海外语教育出版社.2018.
77. 张振久，袁宪军.汉英互译基础[M].北京：北京大学出版社.2004.
78. 赵芃. 从"再情景化"到"指向秩序"—批评话语研究概念性工具的新发展[J]. 外语与外语教学，2021,(03):23-30+147.
79. 赵芃. 语体结构的跨时空变异研究[J]. 当代修辞学，2021,(03):51-60.
80. 张君昌.国际传播新阶段的战略依据及话语构建[J].北方传媒研究，2021,(05):4-6+28.

附录1 常用政治、经济词汇英译

1. 基础设施　　　　　　　　　infrastructure
2. 第三产业　　　　　　　　　tertiary industry
3. 商业化　　　　　　　　　　commercialization
4. 交通拥挤　　　　　　　　　traffic congestion
5. 过度工业化　　　　　　　　over-industrialization
6. 财富分配　　　　　　　　　wealth distribution
7. 城市建设　　　　　　　　　urban construction
8. 人口激增　　　　　　　　　population explosion
9. 犯罪率上升　　　　　　　　a rising crime rate
10. 能源和资源消耗　　　　　　drain of energy and resources
11. 与压力有关的疾病　　　　　stress-related illnesses
12. 高额生活费用　　　　　　　high cost of living
13. 两极分化　　　　　　　　　polarization
14. 社会福利　　　　　　　　　social welfare
15. 给予……特殊关照　　　　　give special care to
16. 城市扩张　　　　　　　　　urban sprawl
17. 便捷的交通工具　　　　　　convenient transportation means
18. 更好的医疗服务　　　　　　better medical services
19. 城市生活压力　　　　　　　pressure of modern life in city
20. 废物处理　　　　　　　　　waste disposal
21. 城市规划者　　　　　　　　city planners
22. 危害社会稳定和安全　　　　endanger social stability and safety
23. 节省资源　　　　　　　　　save resource
24. 倡导资源管理　　　　　　　advocate the management of resources
25. 缓解……的压力　　　　　　relieve the pressure of
26. 提出宝贵建议　　　　　　　put forward valuable suggestions
27. 参与城市重建　　　　　　　participate in the reconstruction of the city
28. 提高环境管理水平　　　　　raise the environmental management level
29. 优先关注　　　　　　　　　give priority to
30. 资源配置　　　　　　　　　resource allocation
31. 完善城市基础设施建设　　　perfect the construction of urban infrastructure

32.	制定严格的汽车排放标准	implement strict vehicle emission standards
33.	消除贫穷与落后	eliminate poverty and backwardness
34.	预防和控制污染	prevent and control pollution
35.	加强水土保护	reinforce the conservation of water and soil
36.	维护生态平衡	keep ecological balance
37.	采取环保技术	adopt environmental protection technique
38.	加强监督和管理	strengthen the regulation and monitoring
39.	促进立法管理	promote legislative regulations
40.	建立和完善社会的安全体系	establish and perfect the social security system
41.	制定出……的发展蓝图	map out （work out）a blueprint of
42.	对……实施限制	impose some restrictions on
43.	加大对……的投入	Increase the inputs in
44.	唤醒人们的……意识	arouse people's awareness of
45.	采取一些预防（补救）措施	take some preventive （remedial）measures
46.	采取立即惩罚性措施	enforce on-the-spot penalties
47.	采取恰当的引导和支持	take proper guidance and support
48.	对……实施严格的惩罚	impose heavier penalty on
49.	导致了能源和自然资源的短缺	result in shortage of energy and natural resources
50.	破坏了生态的平衡	break the ecological balance
51.	身心健康	physical and mental
52.	可持续性发展	sustainable development
53.	温室效应	greenhouse effect
54.	加强污染控制	strengthen pollution control
55.	高层写字楼	high-rise office buildings
56.	驱动力	driving force
57.	建筑工业	architectural industry
58.	坚持传统	adhere to the tradition
59.	造成不可逆转的损失	cause irreversible damage
60.	民族特性和价值观	national identity and value
61.	消除偏见和误解	remove prejudice and misunderstanding
62.	广受欢迎	enjoy great popularity
63.	人才流动机制	mechanism of personnel flow
64.	适者生存	survival of the fittest
65.	成就感	a sense of accomplishment
66.	学习合作和妥协	learn to cooperate and compromise

67.	团队合作精神	team-work spirit
68.	物质待遇	material gains
69.	光明的前途	promising future
70.	升迁机会	chance of promotion
71.	稳定感和满足感	stability and satisfaction
72.	平衡工作和生活	balance work and life
73.	"朝九晚五"一族	from-nine-to-five
74.	提升自我	upgrade oneself
75.	社会认可	social recognition
76.	获取经验	accumulate experience
77.	工作狂	workaholic
78.	加班	work overtime
79.	掌握人际交往技能	master interpersonal skills
80.	极大地推动了经济发展	give a great push to the economic growth
81.	万能良药	cure-all solution
82.	促进经济发展	boost the economic development
83.	征税	levy the tax
84.	制定出积极有效的法律	settle down effective laws
85.	提高生活质量	enhance the quality of life
86.	付出惨痛的代价	pay a heavy price
87.	促进相关产业发展	promote the development of relative industries
88.	交通运输工程	traffic engineering
89.	汽车拥有量	the number of car ownership
90.	畅销产品	marketable products
91.	潜在市场	potential market
92.	虚假信息	fake and exaggerated information
93.	具有欺骗性和误导性	be deceptive and misleading
94.	中国特色社会主义进入新时代	socialism with Chinese characteristics enters a new era
95.	习近平新时代中国特色社会主义思想	Xi Jinping Thought on Socialism with Chinese Characteristics for a New Era
96.	中国共产党的成立	founding of the Communist Party of China
97.	"两个一百年"奋斗目标	Two Centenary Goals
98.	"五位一体"	five-sphere integrated plan
99.	"四个全面"	four-pronged comprehensive strategy
100.	经济发展新常态	new normal of economic development

101.	社会主义核心价值观	core socialist values
102.	社会主义初级阶段	primary stage of socialism
103.	"三个代表"重要思想	Theory of Three Represents
104.	科学发展观	Scientific Outlook on Development
105.	精准扶贫	targeted poverty alleviation
106.	成功申办冬奥会	successful bid for the 2022 Winter Olympic Games
107.	不忘初心、牢记使命	stay true to the Party's original aspiration and founding mission
108.	新发展阶段	new stage of development
109.	新发展理念	new development philosophy
110.	新发展格局	new development pattern
111.	爱国统一战线	patriotic united front
112.	按劳分配制度	Distribution according to work
113.	扶贫到户	to ensure that assistance is provided to poverty-stricken households
114.	爱岗敬业	love one's work and be devoted to it
115.	诚实守信	be honest and keep one's word
116.	爱国民主党派	patriotic democratic parties
117.	摆脱思想上和体制上的禁锢	to shake off ideological and structural shackles
118.	宅家度假	staycation

附录 2　国务院各机构名称英译

一、部（Ministry）

只有国务院组成部门中的机构才能称之为部，属于正部级，是在特定的某一方面履行行政管理职能。

教育部	Ministry of Education
自然资源部	Ministry of Natural Resources
生态环境部	Ministry of Ecological Environment
农业农村部	Ministry of Agriculture and Rural Affairs
文化和旅游部	Ministry of Culture and Tourism
退役军人事务部	Ministry of Veterans Affairs
应急管理部	Ministry of Emergency Management
公安部	Ministry of Public Security
人力资源和社会保障部	Ministry of Human Resources and Social Security

二、委（Commission）

同属于正部级的还有委员会。相对于部来说，委员会有一定的综合性，通常处理的事务比较多。

国家卫生健康委员会	National Health Commission
中国银行业监督管理委员会	China Banking Regulatory Commission
中国证券监督管理委员会	China Securities Regulatory Commission
中国保险监督管理委员会	China Insurance Regulatory Commission
国家发展和改革委员会	National Development and Reform Commission
国家民族事务委员会	State Ethnic Affairs Commission

三、局（Administration）

在国务院的直属机构中，除海关总署和国务院参事室外，国务院其他直属机构的名称均为"国家XX（总）局"。直属机构中的总局、总署具有和组成部门的部委一样的正部级级别，而局次之，属于副部级机构。

国家市场监督管理总局	State Market Regulatory Administration
国家广播电视总局	State Radio and Television Administration
国家医疗保障局	State Medical Insurance Administration
国家粮食和物资储备局	State Grain and Reserves Administration
国家移民管理局	State Immigration Administration

国家林业和草原局　　　　State Administration of Forestry and Grassland

四、办（Office）

办主要指的是协助国务院总理办理专门事项的国务院办事机构，它不具有独立的行政管理职能。目前，除国务院研究室外，其他办事机构的名称均是"国务院XX办公室"。

国务院新闻办公室　　　　The Information Office of the State Council
国务院港澳事务办公室　　Hong Kong and Macao Affairs Office of the State Council
国务院侨务办公室　　　　Overseas Chinese Affairs Office Of the State Council

附录3　各级党政机关职务名称英译

中华人民共和国主席/副主席	President/Vice President
政治局委员	Member
主任委员	Chairman
委员	Member
（地方人大）主任	Chairman of Local People's Congress
人大代表	Deputy to the People's Congress
国务院总理	Premier of the State Council
国务委员	The State Councilor
秘书长	Secretary-General
（国务院各部）部长	Minister
部长助理	Assistant Minister
司长	Director
局长	Director
省长	Governor
常务副省长	Executive Vice Governor
自治区人民政府主席	Chairman of the Autonomous Regional People's Government
香港特别行政区行政长官	Chief Executive of Hong Kong Special Administrative Region
市长/副市长	Mayor/Vice Mayor
区长	Chief Executive of District Government
县长	Chief Executive of County Government
乡镇长	Chief Executive of Township Government
处长/副处长	Division Chief/Deputy Division Chief
科长/股长	Section Chief
科员	Clerk/Officer
发言人	Spokesman
顾问	Adviser
参事	Counselor

附录4 英汉译音表

国际音标译音 国际音标		b	P	d	t	g	k	V	f	z dz	s	ʃ	dʒ	tʃ
		布	普	德	特	格	克	符 (夫)	弗 (夫)	兹	斯	希	季	奇
a: æ ʌ	阿	巴	帕	达	塔 (大)	加	卡	伐	法	扎	萨	夏	贾	恰
ai	艾	拜	派	代	太	盖	凯	魏	法	宰	赛	夏	贾	柴
ei e ɛ	埃	贝	佩	德	特	格	克	佛	费	泽	塞	谢	杰	切
ɜ: ə	厄	伯	珀	德	特	格	克	佛	弗	泽	塞	歇	哲	彻
i: i	伊	比	皮	迪	提	吉	基	维	菲	济	西 (锡)	希	季	契
u: ʊ	乌	布	普	杜	土	古	库	武	富	祖	苏	休	朱	丘
ɔ: ɒ o	沃	博	波	多	托	果	科	伏	福	佐	索	肖	焦	乔
əʊ	欧	博	颇	窦	透	苟	寇	浮	福	奏	叟	首	周	裘
aʊ	奥	包	泡	道	陶	高	考	窝	福	澡	骚	晓	焦	乔
ju:	尤	布	普	杜	土	纠	丘	武	富	久	修	休	朱	丘
æm a:m	安	班	潘	丹	坦	甘	坎	范	凡	赞	散	香	江 (姜)	强
ain	艾恩	拜恩	派恩	代恩	太恩	盖恩	恩	伐因	法因	宰恩	塞恩	夏因	贾恩	柴恩
en n em m	恩	本	彭	登	顿	根	肯	文	芬	曾	森	兴	靳	琴
in im	因 (英)	宾	平	丁	廷	京	金	文	芬	津	辛	欣	今	钱
ɔ: ɒŋ ʌn ɔ:m ɒm ʌm	昂	邦 (榜)	宠	当	汤	冈	康	房	方	减		尚	章	昌
u:n ʊn ə n:n u:m ʊm əʊm	翁	崩	蓬	东 (栋)	通	贡	孔	冯	丰	宗	宋	雄	琼	群

附录4 英汉译音表

ʃ	dʒ	tʃ	θ	h	m	n	l	r	w	hw	kw	j	ts
希	季	奇	思	赫	姆	恩	耳	尔	伍			伊	次
夏	贾	恰	撒	哈	马	纳	拉	腊	瓦	华	夸	亚	察
夏	贾	柴	赛	海	迈	奈	来	赖	怀	怀	快		蔡
谢	杰	切	塞	黑	梅	内	累	雷	韦	惠	奎	耶	策
歇	哲	彻	瑟	赫	默	纳	勒	勒	沃			耶	策
希	季	契	锡	希	米	尼	利	里	威	惠	魁	伊	戚
休	朱	丘	素	胡	穆	努	路	鲁	伍		库	尤	促
肖	焦	乔	梭	霍	莫	诺	洛	罗	沃	霍	廓	约	措
首	周	裘	叟	侯	谋	诺	娄	娄	沃		寇	尤	凑
晓	焦	乔	扫	豪	毛	瑙	劳	劳	渥		考	耀	曹
休	朱	丘	修	休	谬	纽	刘	留			丘		秋
香	江(姜)	强	散	汉	曼	南(楠)	兰	兰	万		环	宽	廷	粲
夏因	贾恩	柴恩	赛恩	海恩	迈恩	奈恩	来恩	赖恩	怀恩	怀恩	快恩		蔡恩
兴	靳	琴	森	亨	门	嫩	冷	伦	温	珲	昆	晏	岭
欣	今	钱	信	欣	明	宁	林	临	温	珲	昆	英	青
尚	章	昌	桑	杭	芒	囊	郎	朗	旺	黄	匡	杨	仓
雄	琼	群	松	洪	蒙	农	隆	龙	翁		孔	荣	聪